Michael Feldner

Der Functionally Separate Entity Approach

Die Umsetzung im neuen
Artikel 7 OECD-MA 2010 und seine Auswirkungen

Bachelor + Master
Publishing

Feldner, Michael: Der Functionally Separate Entity Approach. Die Umsetzung im neuen Artikel 7 OECD-MA 2010 und seine Auswirkungen, Hamburg, Diplomica Verlag GmbH 2012

Originaltitel der Abschlussarbeit: Die neuen OECD-Grundsätze für die Einkünfteabgrenzung bei der Besteuerung von ausländischen Betriebsstätten und ihre Auswirkungen auf das deutsche Steuerrecht

ISBN: 978-3-86341-283-8
Druck: Bachelor + Master Publishing, ein Imprint der Diplomica® Verlag GmbH, Hamburg, 2012
Zugl. Universität Potsdam, Potsdam, Deutschland, MA-Thesis / Master, März 2012

Bibliografische Information der Deutschen Nationalbibliothek:
Die Deutsche Nationalbibliothek verzeichnet diese Publikation in der Deutschen Nationalbibliografie; detaillierte bibliografische Daten sind im Internet über http://dnb.d-nb.de abrufbar.

Die digitale Ausgabe (eBook-Ausgabe) dieses Titels trägt die ISBN 978-3-86341-783-3 und kann über den Handel oder den Verlag bezogen werden.

Inhaltsverzeichnis

Abkürzungsverzeichnis

a.A.	anderer Ansicht
Abs.	Absatz
AEUV	Vertrag über die Arbeitsweise der Europäischen Union
a.F.	alte Fassung
Alt.	Alternative
AO	Abgabenordnung
Art.	Artikel
AStG	Außensteuergesetz
BB	Betriebs-Berater (Zeitschrift)
betr.	betreffend
BewG	Bewertungsgesetz
BFH	Bundesfinanzhof
BGH	Bundesgerichtshof
BGBl.	Bundesgesetzblatt
BMF	Bundesministerium der Finanzen
BS-VWG	Betriebsstätten-Verwaltungsgrundsätze
BStBl.	Bundessteuerblatt
BT-Drucks.	Drucksache des Deutschen Bundestages
bzw.	beziehungsweise
DB	Der Betrieb (Zeitschrift)
DBA	Abkommen zur Vermeidung der Doppelbesteuerung
DStR	Deutsches Steuerrecht (Zeitschrift)
EStG	Einkommensteuergesetz
EU	Europäische Union
EuGH	Europäischer Gerichtshof
EuZW	Europäische Zeitschrift für Wirtschaftsrecht
EWR	Europäischer Wirtschaftsraum
FG	Finanzgericht
FR	Finanz-Rundschau Ertragsteuerrecht (Zeitschrift)
FVerlV	Funktionsverlagerungsverordnung
GAufzV	Gewinnabgrenzungsaufzeichnungsverordnung
GbR	Gesellschaft bürgerlichen Rechts

GewStG	Gewerbesteuergesetz
GG	Grundgesetz
HGB	Handelsgesetzbuch
h.M.	herrschende Meinung
HS	Halbsatz
ImmoStR	Zeitschrift zum Immobilien-Steuerrecht
i.S.d.	im Sinne des / im Sinne der
IStR	Internationales Steuerrecht (Zeitschrift)
IStR-LB	IStR-Länderbericht (Teil der Zeitschrift IStR)
i.V.m.	in Verbindung mit
IWB	Internationale Wirtschafts-Briefe (Zeitschrift)
KStG	Körperschaftsteuergesetz
lit.	littera (deutsch: „Buchstabe")
lex specialis allgemeinen	Lateinischer Ausdruck für eine spezielle gesetzliche Regelung, die der gesetzlichen Regelung vorgeht.
m.w.N.	mit weiteren Nachweisen
Nr.	Nummer
OECD	Organisation for Economic Cooperation and Development (deutsch: „Organisation für wirtschaftliche Zusammenarbeit und Entwicklung")
OECD-MA	OECD-Musterabkommen zur Vermeidung der Doppelbesteuerung auf dem Gebiet der Steuern vom Einkommen und vom Vermögen in der Fassung von 2010
OECD-MA 2008	OECD-Musterabkommen zur Vermeidung der Doppelbesteuerung auf dem Gebiet der Steuern vom Einkommen und vom Vermögen in der Fassung von 2008
OECD-MK	Offizieller Kommentar der OECD zum OECD-MA
OHG	Offene Handelsgesellschaft
PIStB	Praxis Internationale Steuerberatung (Zeitschrift)
Rn.	Randnummer
S.	Seite
SEStEG	Gesetz über steuerliche Begleitmaßnahmen zur Einführung der Europäischen Gesellschaft und zur Änderung weiterer steuerlicher Vorschriften vom 07.12.2006, BGBl. I 2006, S. 2782, BStBl. I 2007, S. 4.
sog.	sogenannte / sogenannter / sogenanntes / sogenannten
SteuK	Steuerrecht kurzgefasst (Zeitschrift)

Tz.	Textziffer
u.a.	unter anderem
UN-MA	Musterabkommen der Vereinten Nationen zur Vermeidung der Doppelbe-steuerung auf dem Gebiet der Steuern vom Einkommen und vom Vermögen zwischen Indus-triestaaten und Entwicklungsländern in der Fassung von 2001
v.	vom
VWG-DotKap	Verwaltungsgrundsätze-Dotationskapital
VWG-FV	Verwaltungsgrundsätze Funktionsverlagerung
VWG-LLC	Schreiben des BMF betr. steuerliche Einordnung der nach dem Recht der USA gegründeten Limited Liability Company (LLC)
VWG-PersG	Schreiben des BMF betr. Anwendung der Doppelbesteuerungsabkommen (DBA) auf Personengesellschaften
VWG-Verf.	Verwaltungsgrundsätze-Verfahren
vgl.	vergleiche
z.B.	zum Beispiel

A. Einführung

Das Vorhandensein einer Betriebsstätte ist in Deutschland in vielerlei Hinsicht der Anknüpfungspunkt für das Bejahen der beschränkten Steuerpflicht. Verwiesen sei hier in erster Linie auf § 49 Abs. 1 Nr. 2 lit. a Alt. 1 EStG, der das Vorliegen inländischer Einkünfte aus Gewerbebetrieb an eine im Inland unterhaltene Betriebsstätte knüpft.[1] In Verbindung mit § 1 Abs. 4 EStG wird dadurch die beschränkte Einkommensteuerpflicht und in Verbindung mit den §§ 2 Nr. 1, 8 Abs. 1 Satz 1 KStG die beschränkte Körperschaftsteuerpflicht bejaht. Unterhält ein ausländisches Unternehmen eine Betriebsstätte in Deutschland, wird es demzufolge in Deutschland beschränkt steuerpflichtig (sog. Inbound-Fall). Beschränkt steuerpflichtig heißt, dass das Unternehmen den Teil seiner Einkünfte in Deutschland versteuern muss, der auf die inländische Betriebsstätte entfällt.

Auch für den umgekehrten Fall, dass ein deutsches Unternehmen eine Betriebsstätte in einem anderen Staat unterhält (sog. Outbound-Fall), spielt die Betriebsstätte bei der deutschen Besteuerung eine nicht unerhebliche Rolle. Beispielsweise ist für die Ermittlung des Gewerbeertrags gemäß § 9 Nr. 3 GewStG der Gewinn um den Teil zu kürzen, „der auf eine nicht im Inland belegene Betriebsstätte entfällt." Analog zu § 49 Abs. 1 Nr. 2 lit. a Alt. 1 EStG handelt es sich gemäß § 34d Nr. 2 lit. a Alt. 1 EStG bei ausländischen Einkünften aus Gewerbebetrieb um Einkünfte einer „in einem ausländischen Staat belegene[n]" Betriebsstätte.

Egal welchen der beiden Fälle man betrachtet, sobald ein Unternehmen in mindestens zwei Staaten tätig wird, kommt man um den Begriff der Betriebsstätte nicht mehr herum. Dies gilt sowohl für das nationale deutsche Steuerrecht, wie auch für das jeweils andere nationale Steuerrecht. Wenn beispielsweise ein deutscher Einzelunternehmer mit Sitz in Potsdam u.a. eine Betriebsstätte in Wien unterhält, dann ist dieser gemäß § 1 Abs. 1 Satz 1 EStG in Deutschland unbeschränkt steuerpflichtig. Das heißt, er unterliegt der deutschen Besteuerung mit seinen gesamten Einkünften (sog. Welteinkommensprinzip). In Österreich ist dieser Einzelkaufmann aufgrund seiner Betriebsstätte in Wien beschränkt steuerpflichtig.[2] Er muss demzufolge diejenigen Einkünfte, die auf die Betriebsstätte in Wien entfallen, in Österreich versteuern. Im Ergebnis würde es damit in Bezug auf die Einkünfte der ausländischen Betriebsstätte zu einer doppelten Besteuerung kommen. Um dies zu verhindern, hat Deutschland mit den meisten anderen Staaten sog. DBA abgeschlossen, die das Besteuerungsrecht entweder dem einen oder dem anderen Staat zuordnen. Vorbild für die DBA sind dabei in erster Linie das OECD-MA und vereinzelt auch das UN-MA.

---

[1] Vgl. auch § 49 Abs. 1 Nr. 3 EStG für Einkünfte aus selbständiger Arbeit.
[2] Vgl. § 1 Abs. 3 i.V.m. § 98 Abs. 1 Nr. 3 Alt. 1 österreichisches Einkommensteuergesetz.

Auch in den Fällen, in denen ein DBA abgeschlossen wurde, regelt der Art. 7 OECD-MA die Verteilung von Unternehmensgewinnen am Merkmal der Betriebsstätte (sog. Betriebsstättenprinzip). Es geht letztlich immer um die Frage, welcher Teil der Einkünfte des Unternehmens, ist welcher Betriebsstätte zuzurechnen. Die OECD hat dabei den Art. 7 im Entwurf ihres Musterabkommens im Jahr 2010 einer gründlichen Neuerung unterzogen. Diese Neuerung bildet den Anlass für diese Arbeit. Sie sollen im Folgenden dargestellt und näher untersucht werden.

Zuerst geht es dabei um den elementaren Grundbegriff: Was ist überhaupt eine Betriebsstätte? Betrachtet und erläutert wird dabei sowohl die nationale deutsche Definition, als auch die Definition, die das OECD-MA enthält. Auch sollen einige Sonderformen kurz dargestellt werden, die in der internationalen Praxis vermehrt auftauchen und einige Abgrenzungsschwierigkeiten bilden.

Der zweite Teil befasst sich anschließend mit einigen Vorüberlegungen, welche der eigentlichen Einkünfteabgrenzung vorausgehen.

Im Anschluss daran soll dem versierten Leser die eigentliche Einkünfteabgrenzung nähergebracht werden. Dies soll anhand einer grundlegenden Erläuterung der bisherigen Methoden und den Änderungen der OECD geschehen. Neben einer allgemeinen Erläuterung der Vorgehensweise, werden die einzelnen Schritte und Teilbereiche gesondert gewürdigt und einzeln dargestellt.

Im darauffolgenden vierten Teil geht es dann um die Frage, welche Änderungen im nationalen deutschen Steuerrecht, mit den Änderungen auf Ebene der OECD einhergehen müssen, damit diese auch in der Praxis zur Anwendung kommen können.

Abschließend wird in einem Ausblick kurz dargelegt, was nach den Änderungen der OECD-Grundsätze in Zukunft folgen wird.

B. Der Begriff der Betriebsstätte

Bevor es um die eigentliche Einkünfteabgrenzung geht, ist vorab der Begriff der Betriebsstätte zu klären. Im internationalen Kontext existiert dabei neben den jeweils unterschiedlichen nationalen Regelungen, auch eine eigene Definition in den entsprechenden Doppelbesteuerungsabkommen.

I. Allgemeine Definition

1. Definition nach nationalem Recht

Im deutschen Steuerrecht wird eine Betriebsstätte gemäß § 12 Satz 1 AO als „jede feste Geschäftseinrichtung oder Anlage, die der Tätigkeit eines Unternehmens dient", definiert. Die Begriffe „Geschäftseinrichtung" und „Anlage" lassen sich dabei nur schwer voneinander abgrenzen.[3] Grundsätzlich sind darunter sowohl Räumlichkeiten, wie beispielsweise Gebäude, Hallen, Werkstätten oder einzelne Räume, als auch abgegrenzte bzw. abgrenzbare Flächen, wie beispielsweise Lager oder Bauplätze, zu verstehen, die dazu geeignet sind, die Grundlage für eine Unternehmenstätigkeit zu bilden.[4]

Das Merkmal „fest" verlangt nicht, dass die Geschäftseinrichtung oder Anlage mit der Erdoberfläche fest verbunden oder sichtbar ist.[5] Es genügt, wenn sie an einem gewissen Punkt mit der Erdoberfläche verbunden ist und sie sich für eine bestimmte Zeit, in regelmäßigen Abständen, am gleichen Ort befindet.[6] Eine „feste Geschäftseinrichtung oder Anlage" ist allerdings auf eine gewisse Dauer angelegt, für die als Anhaltspunkt die Sechsmonatsfrist des § 12 Satz 2 Nr. 8 AO vom BFH herangezogen wird.[7] Entscheidend für die Auslegung können aber immer nur die jeweiligen Umstände des Einzelfalls sein.[8]

Der Unternehmer[9] muss weiterhin eine „nicht nur vorübergehende Verfügungsmacht" über die Geschäftseinrichtung oder Anlage besitzen.[10] Diese kann sich neben dem eigenen Eigentum, auch beispielsweise durch Miete, Pacht, Franchising oder Leasing ergeben.[11] Bei Personengesellschaften reicht es, wenn ein Gesellschafter über die entsprechende Verfügungsmacht verfügt. Der BFH lässt diese Frage bisher ausdrücklich unbeantwortet.[12]

---

[3] BFH, Urteil v. 03.02.1993, BStBl. II 1993, S. 462, 465.
[4] BFH, Urteil v. 03.02.1993, BStBl. II 1993, S. 462, 465; P/K-*Koenig*, § 12 AO, Rn. 6.
[5] BFH, Urteil v. 30.10.1996, BStBl. II 1997, S. 12, 14; H/H/S-*Musil*, § 12 AO, Rn. 11.
[6] BFH, Urteil v. 09.10.1974, BStBl. II 1975, S. 203, 204; Eckl, IStR 2009, S. 510, 510.
[7] Vgl. BFH, Urteil v. 19.05.1993, BStBl. II 1993, S. 655, 656.
[8] So auch H/H/S-*Musil*, § 12 AO, Rn. 15; P/K-*Koenig*, § 12 AO, Rn. 10.
[9] Eine Betriebsstätte besitzen können alle Personen, die Einkünfte i.S.d. § 2 Abs. 1 Nr. 1 bis 3 EStG erzielen.
[10] BFH, Urteil v. 11.10.1989, BStBl. II 1990, S. 166, 167.
[11] H/H/S-*Musil*, § 12 AO, Rn. 16; Frotscher, Internationales Steuerrecht, Rn. 266; Ditz, Internationale Gewinnabgrenzung, S. 15.
[12] BFH, Urteil v. 26.02.1992, BStBl. II 1992, S. 937, 938.

Es existiert eine Reihe gerichtlicher Einzelfallentscheidungen über die Beurteilung, ab wann eine Betriebsstätte zu bejahen ist.[13]

Die Beispiele für Betriebsstätten in der nicht abschließenden Katalogaufzählung des § 12 Satz 2 AO setzen wohl nicht alle soeben erläuterten Tatbestände des § 12 Satz 1 AO voraus.[14] Bei ihnen handelt es sich demzufolge um eine gesetzliche Fiktion von Betriebsstätten.

Im internationalen Steuerrecht wird das Merkmal der Betriebsstätte häufig durch das Merkmal des ständigen Vertreters ergänzt.[15] Gleichwohl wird im nationalen deutschen Steuerrecht eine Betriebsstätte nicht durch einen ständigen Vertreter begründet.[16] Im Gegensatz dazu existiert im Abkommensrecht eine eigene Vertreterbetriebsstätte.[17] Aus diesem Grund soll er der Vollständigkeit halber hier nicht unerwähnt bleiben. Definiert wird der ständige Vertreter gemäß § 13 Satz 1 AO als „eine Person, die nachhaltig die Geschäfte eines Unternehmens besorgt und dabei dessen Sachweisungen unterliegt." Um einen Arbeitnehmer muss es sich dabei nicht handeln.[18] Auch eine juristische und wirtschaftliche Abhängigkeit vom Unternehmen ist nicht erforderlich, so dass auch ein unabhängiger Vertreter, wie beispielsweise ein Kommissionär, ein ständiger Vertreter i.S.d. § 13 AO sein kann.[19] Ein Vertreter kann dabei sowohl eine natürliche, als auch eine juris-tische Person oder eine selbständige Personenver-einigung sein,[20] so dass beispielsweise auch eine inländische (Tochter-)Kapitalgesellschaft ein ständiger Vertreter einer ausländischen (Mutter-)Kapitalgesellschaft sein kann.[21]

2. Definition nach Doppelbesteuerungsabkommen

In den DBA ist der Begriff der Betriebsstätte in der dem Art. 5 OECD-MA nachgebildeten Norm definiert. Eine Betriebsstätte ist demnach „eine feste Geschäftseinrichtung, durch die die Geschäftätigkeit eines Unternehmens ganz oder teilweise ausgeübt wird."[22] Inhaltlich stimmt der abkommensrechtliche Begriff mit dem nationalen Begriff weitgehend überein.[23] Die für den Begriff nach nationalem Recht bereits aufgezählten und erläuterten Merkmale Geschäftseinrichtung, Dauerhaftigkeit und Verfügungsmacht müssen ebenso erfüllt sein.[24] Im

---

[13] Eine alphabetische Auflistung vieler solcher Einzelfallentscheidungen enthält P/K-*Koenig*, § 12 AO, Rn. 41.
[14] BFH, Urteil v. 28.07.1993, BStBl. II 1994, S. 148, 149; H/H/S-*Musil*, § 12 AO, Rn. 10; Klein-*Gersch*, § 12 AO, Rn.10; a.A. BFH, Urteil v.30.06.2005, BStBl. II 2006, S.78, 83.
[15] Vgl. z.B. §§ 49 Abs. 1 Nr. 2 lit. a, 34d Nr. 2 lit. a, 38 Abs. 1 Satz 1 Nr. 1 EStG.
[16] BFH, Urteil v. 30.06.2005, BStBl. II 2006, S. 78, 83.
[17] Zum Begriff der Vertreterbetriebsstätte siehe S. 8 ff.
[18] Tz. 1.1.2. BS-VWG; H/H/S-*Musil*, § 13 AO, Rn. 5.
[19] P/K-*Koenig*, § 13 AO, Rn. 6 und Rn. 8.
[20] Klein-*Gersch*, § 13 AO, Rn. 2; P/K-*Koenig*, § 13 AO, Rn. 3.
[21] D/H/R-*Riedel*, § 121 BewG, Rn. 14.
[22] Wortlaut des Art. 5 Abs. 1 OECD-MA.
[23] Tz. 1.2.1.1. BS-VWG; BFH, Urteil v. 30.10.1996, BStBl. II 1997, S. 12, 15.
[24] Göttsche/Stangl, DStR 2000, S. 498, 500.

Gegensatz zur Definition des § 12 AO muss durch die Betriebsstätte allerdings eine Haupttätigkeit des Unternehmens ausgeübt werden.[25] Auch wenn ein DBA immer unabhängig auszulegen ist,[26] bieten die zu diesen Punkten bereits zitierten Entscheidungen des BFH eine gute Auslegungshilfe für den abkommensrechtlichen Begriff.[27]

Auf Grund der eigenen Definition des Begriffs „Unternehmen" in Art. 3 Abs. 1 lit. c OECD-MA begründen Land- und Forstwirte, im Gegensatz zum deutschen nationalen Steuerrecht, im Abkommensrecht keine Betriebsstätte.[28] Seit der Streichung des Art. 14 OECD-MA im Jahre 2000 fallen i.V.m. Art. 3 Abs. 1 lit. h OECD-MA aber zumindest auch freiberuflich Tätige unter den Begriff des Unternehmens.

Der Art. 5 Abs. 2 OECD-MA zählt nicht abschließend einige Beispiele für Betriebsstätten auf. Nach in Deutschland wohl h.M. müssen die Voraussetzungen der allgemeinen Definition in Absatz 1 ebenfalls alle erfüllt sein.[29]

Im Gegenzug enthält der Absatz 4 eine Liste von Tatbeständen, die als „lex specialis" zu Absatz 1, auch bei Vorliegen aller Voraussetzungen, keine Betriebsstätte begründen.[30] Damit soll verhindert werden, dass ausschließlich vorbereitende oder Hilfstätigkeiten besteuert werden.[31] Die Buchstaben a bis d enthalten einige Beispiele was darunter zu verstehen ist. Das diese Aufzählung nicht abschließend ist,[32] verdeutlicht lit. e, der generell alle festen Geschäftsstellen, die ausschließlich vorbereitende oder Hilfstätigkeiten ausüben, von der Betriebsstättendefinition ausnimmt. Eine Abgrenzung zwischen vorbereitenden Tätigkeiten, Hilfstätigkeiten und Haupttätigkeiten ist nur sehr schwer vorzunehmen. Entscheidend sind dabei immer die jeweiligen Umstände des Einzelfalls.[33] Der BFH definiert vorbereitende Tätigkeiten als „zeitlich vor der Haupttätigkeit ausgeübt" und Hilfstätigkeiten als die Haupttätigkeit begleitend oder ihr zeitlich nachfolgend.[34] „Die Haupttätigkeit eines Unternehmens ergibt sich [dabei] aus dessen jeweiliger Aufgabenstellung."[35] Das BMF übernimmt diese Definitionen mit der Einschränkung, dass Hilfstätigkeiten die Haupttätigkeit begleiten **und** ihr zeitlich nachfolgen.[36] Weiterhin zeichnet sich dem BMF zufolge eine Haupttätigkeit dadurch

---

[25] D/W-*Wassermeyer*, Art. 5 OECD-MA, Rn. 10.
[26] V/L-*Görl*, Art. 5 OECD-MA, Rn. 8.
[27] So auch D/W-*Wassermeyer*, Art. 5 OECD-MA, Rn. 31.
[28] Eine Ausnahme dazu bilden die deutschen DBA mit Ägypten, Australien, Bolivien, Indien, Kenia, Malaysia und Uruguay, in denen auch Farmen und Plantagen bzw. land- und viehwirtschaftliche Flächen oder Betriebe als Betriebsstätten aufgeführt werden.
[29] V/L-*Görl*, Art. 5 OECD-MA, Rn. 37; G/K/G-*Günkel*, Art. 5 OECD-MA, Rn. 106; Art. 5, Tz. 12 OECD-MK; a.A. D/W-*Wassermeyer*, Art. 5 OECD-MA, Rn. 61.
[30] BFH, Urteil v. 23.01.1985, BStBl. II 1985, S. 417, 419; Art. 5, Tz. 21 OECD-MK.
[31] Art. 5, Tz. 21 OECD-MK.
[32] So auch V/L-*Görl*, Art. 5 OECD-MA, Rn. 86.
[33] Art. 5, Tz. 24 OECD-MK.
[34] BFH, Urteil v. 23.01.1985, BStBl. II 1985, S. 417, 420.
[35] BFH, Urteil v. 23.01.1985, BStBl. II 1985, S. 417, 420.
[36] Tz. 1.2.1.1. BS-VWG.

aus, dass „sie einen wesentlichen und maßgeblichen Teil der Tätigkeit des Gesamtunternehmens ausmacht".[37] Sofern eine feste Geschäftseinrichtung ausschließlich mehrere vorbereitende oder Hilfstätigkeiten ausübt, kommt es gemäß Art. 5 Abs. 4 lit. f OECD-MA[38] darauf
an, ob die sich daraus ergebende Gesamttätigkeit noch immer eine vorbereitende oder
Hilfstätigkeit ist. Als Beispiel wo dies nicht mehr der Fall ist, nennt Tz. 1.2.1.1. BS-VWG das
Forschungslabor eines Pharmaunternehmens. In den Fällen, in denen in einer festen Geschäftseinrichtung sowohl von der Betriebsstättendefinition ausgenommene Tätigkeiten, als
auch nicht ausgenommene Tätigkeiten ausgeübt werden, gilt die feste Geschäftseinrichtung
als eine Betriebsstätte und kann vollständig besteuert werden.[39]

Der Art. 5 Abs. 7 OECD-MA enthält darüber hinaus eine sog. „Anti-Organ-Klausel". Eine
rechtlich selbständige Tochtergesellschaft ist demzufolge grundsätzlich keine Betriebsstätte
der beherrschenden Muttergesellschaft. Eine Ausnahme besteht in den Fällen, in denen die
Muttergesellschaft die Verfügungsmacht über Geschäftseinrichtungen i.S.d. Art. 5 Abs. 1
OECD-MA, deren rechtliche Eigentümerin die Tochtergesellschaft ist, besitzt und dort eine
Betriebsstätte begründet, oder die Tochtergesellschaft eine sog. „Vertreterbetriebsstätte"
begründet.[40]

Im Ergebnis bleibt festzuhalten, dass der Begriff der Betriebsstätte in § 12 AO deutlich weiter
gefasst ist, als in Art. 5 OECD-MA, so dass eine Betriebsstätte i.S.d. Art. 5 OECD-MA auch
immer eine Betriebsstätte i.S.d. § 12 AO darstellt; andersherum eine Betriebsstätte i.S.d. § 12
AO aber nicht gleichzeitig auch eine Betriebsstätte i.S.d. Art. 5 OECD-MA ist.[41]

3. Vorrang welcher Definition?

Die jeweiligen Doppelbesteuerungsabkommen sind bilaterale Verträge zwischen zwei
Staaten. Gemäß Art. 59 Abs. 2 Satz 1 GG benötigen diese Verträge die Zustimmung des
Bundesgesetzgebers. In diesem Fall sind das Bundestag und Bundesrat. Erst nach erfolgreicher Zustimmung in Form eines Zustimmungsgesetzes und dem Austausch der sog. Ratifikationsurkunden mit dem jeweils anderen Vertragsstaat entfaltet der Vertrag seine Bindungs-
wirkung.[42] Er tritt zum vertraglich vereinbarten Zeitpunkt, aber frühestens mit Austausch der
Ratifikationsurkunden, in Kraft. Mit in Kraft treten erhält das DBA den Rang eines Transfor-

---

[37] Tz. 1.2.1.1. BS-VWG.
[38] Viele, vor allem ältere, deutsche DBA enthalten keine Regelung über das zusammentreffen mehrerer von der
   Definition ausgenommener Tätigkeiten.
[39] Art. 5, Tz. 30 OECD-MK.
[40] V/L-*Görl*, Art. 5 OECD-MA, Rn. 168; Art. 5, Tz. 41 OECD-MK; zum Begriff der Vertreterbetriebsstätte
   siehe S. 8 ff.
[41] D/W-*Wassermeyer*, Art. 5 OECD-MA, Rn. 9.
[42] Degenhart, Staatsrecht I, Rn. 559.

mationsgesetzes und ist damit grundsätzlich den deutschen Einzelsteuergesetzen gegenüber gleichrangig.[43] Gemäß § 2 Abs. 1 AO geht das DBA den nationalen Steuergesetzen allerdings vor.[44]

In allen Fällen, in denen ein DBA vorliegt, ist demzufolge der Betriebsstättenbegriff des jeweiligen DBA maßgebend. Da die DBA allerdings ein Besteuerungsrecht nicht begründen, muss auch die Definition der Betriebsstätte im nationalen Recht gegeben sein.[45] Nur wenn kein DBA vorhanden ist, ist für ausländische Steuerpflichtige in Deutschland lediglich der nationale Betriebsstättenbegriff und für inländische Steuerpflichtige der jeweilige nationale Betriebsstättenbegriff des anderen Staates entscheidend.

II. Sonderformen von Betriebsstätten

In der Praxis existieren eine Reihe von Sonderformen, die sich nicht oder nur sehr schwer unter die allgemeine Definition der Betriebsstätte fassen lassen. Im Folgenden sollen die im internationalen Steuerrecht am häufigsten auftretenden Sonderformen kurz dargestellt werden.

1. Vertreterbetriebsstätte

Die im internationalen Steuerrecht wahrscheinlich am häufigsten auftretende und wohl auch umstrittenste[46] Sonderform ist die Vertreterbetriebsstätte. Im OECD-MA ist sie in Art. 5 Abs. 5 geregelt. Demzufolge wird immer dann eine Betriebsstätte fingiert,[47] wenn eine Person für ein Unternehmen in einem anderen Vertragsstaat tätig ist, die Vollmacht zum Abschluss von für das Unternehmen verbindlichen Verträgen besitzt und diese Vollmacht auch dort gewöhnlich ausübt. Es darf sich bei der Person allerdings nicht bloß um einen unabhängigen Vertreter i.S.d. Art. 5 Abs. 6 OECD-MA handeln und die ausgeübten Tätigkeiten dürfen nicht nur vorbereitende oder Hilfstätigkeiten i.S.d. Art. 5 Abs. 4 OECD-MA sein.

Eine „Person" in diesem Sinne können dabei gemäß Art. 3 Abs. 1 lit. a OECD-MA sowohl natürliche Personen, als auch juristische Personen oder alle anderen Personenvereinigungen sein. Auch zwischen Tochter- und Muttergesellschaften können Vertreterbetriebsstätten begründet werden.[48] Das Beherrschungsverhältnis als solches reicht allerdings nicht zur Begründung einer Vertreterstellung; es müssen zusätzlich alle oben aufgeführten Merkmale

---

[43] Haase, Internationales Steuerrecht, Rn. 571.
[44] Ausnahmen vom Vorrang der DBA enthalten die §§ 2a, 50d EStG, 20 AStG (sog. Treaty-Overriding-Regelungen).
[45] HK-*Niehaves*, Art. 7 OECD-MA, Rn. 25.
[46] Vgl. beispielsweise Niehaves, IStR 2011, S. 373, 373: „Zunehmend wird die Forderung nach einer Abschaffung laut." M.w.N.
[47] Art. 5 Abs. 5 OECD-MA: „ungeachtet der Absätze 1 und 2".
[48] D/W-*Wassermeyer*, Art. 5 OECD-MA, Rn. 197.

erfüllt sein.[49] Die Person muss im anderen Vertragsstaat, in dem sie das Unternehmen vertritt, nicht ansässig sein,[50] so dass eine Person auch in mehreren Staaten eine Vertreterbetriebsstätte begründen kann.[51] Da die Person „für ein Unternehmen tätig" sein muss, kann ein Einzelunternehmer selbst kein „Vertreter" i.S.d. Art. 5 Abs. 5 OECD-MA für sein Einzelunternehmen sein.[52] Dies muss ebenso für einen geschäftsführenden Gesellschafter einer Personengesellschaft oder einen Geschäftsführer bzw. Vorstand einer Kapitalgesellschaft gelten, die als Organe auch „als das Unternehmen" und nicht „für das Unternehmen" handeln.[53]

Weiterhin lässt sich aus der Formulierung „für ein Unternehmen tätig" schließen, dass die Tätigkeit zur Erzielung von Unternehmensgewinnen i.S.d. Art. 7 OECD-MA führen muss. Rein vermögensverwaltende Tätigkeiten fallen nicht darunter.[54]

Das Merkmal der „Vollmacht, im Namen des Unternehmens Verträge abzuschließen" ist weit auszulegen, so dass beispielsweise auch eine Duldungs- oder Anscheinsvollmacht ausreicht.[55] Der Vertreter wird aber dennoch in jedem Fall eine zivilrechtliche Vollmacht benötigen.[56] Für den ständigen Vertreter i.S.d. § 13 AO ist dagegen eine zivilrechtliche Vollmacht nicht notwendig.[57] Die Vertretung muss aber in beiden Fällen Verträge über die eigentliche Unternehmenstätigkeit umfassen. Verträge über den lediglich internen Geschäftsbetrieb sind nicht ausreichend.[58]

Weitere Voraussetzung für die Begründung einer Vertreterbetriebsstätte ist, dass der Vertreter seine Tätigkeiten auch körperlich im anderen Vertragsstaat ausübt.[59] „Gewöhnlich" ist die Tätigkeit des Vertreters weiterhin dann, wenn er sich „mehr als nur vorübergehend" im anderen Vertragsstaat aufhält.[60] Wie bereits oben ausgeführt ist eine Steuerpflicht im anderen Vertragsstaat allerdings nicht erforderlich. Entscheidend für die Auslegung was unter „gewöhnlich" zu verstehen ist, sind auch hier wohl nur die Umstände des jeweiligen Einzelfalls.

Sind alle vorstehend beschriebenen Voraussetzungen erfüllt und übt der Vertreter nicht bloß vorbereitende oder Hilfstätigkeiten i.S.d. Art. 5 Abs. 4 OECD-MA aus,[61] ist letztlich noch auszuschließen, dass es sich um einen unabhängigen Vertreter i.S.d. Art. 5 Abs. 6 OECD-MA

---

[49] Tz. 1.2.2. BS-VWG.
[50] Art. 5, Tz. 32 OECD-MK.
[51] Piltz, IStR 2004, S. 181, 182 f.
[52] BFH, Urteil v. 18.12.1990, BStBl. II 1991, S. 395, 396.
[53] So auch V/L-*Görl*, Art. 5 OECD-MA, Rn. 114 f.; Eckl, IStR 2009, S. 510, 513; a.A. D/W-*Wassermeyer*, Art. 5 OECD-MA, Rn. 201b; H/H/S-*Musil*, § 13 AO, Rn. 5a.
[54] Piltz, IStR 2004, S. 181, 183.
[55] Piltz, IStR 2004, S. 181, 183.
[56] So auch Eckl, IStR 2009, S. 510, 513; Piltz, IStR 2004, S. 181, 183; a.A. V/L-*Görl*, Art. 5 OECD-MA, Rn. 118; Art. 5, Tz. 32.1 OECD-MK.
[57] BFH, Urteil v. 12.04.1978, BStBl. II 1978, S. 494, 496.
[58] Art. 5, Tz. 33 OECD-MK.
[59] Piltz, IStR 2004, S. 181, 185.
[60] BFH, Urteil v. 03.08.2005, BStBl. II 2006, S. 220, 222 Art. 5, Tz. 33.1 OECD-MK.
[61] Zum Begriff der „vorbereitenden oder Hilfstätigkeiten" siehe S. 5 f.

handelt. Der Abs. 6 schließt eine Vertreterbetriebsstätte für den Fall aus, dass es sich um „einen Makler, Kommissionär oder einen anderen unabhängigen Vertreter" handelt und „diese[r] im Rahmen [seiner] ordentlichen Geschäftstätigkeit" agiert.

Zur Klärung der Frage, ab wann ein Vertreter abhängig ist, wird zwischen der sachlichen und der persönlichen Abhängigkeit unterschieden. Eine sachliche Abhängigkeit liegt vor, wenn der Vertreter im Innenverhältnis den Weisungen des Unternehmens unterliegt. Dies trifft allerdings wohl in fast allen Konstellationen zu und führt deshalb noch nicht zur Versagung der Unabhängigkeit.[62] Die persönliche Abhängigkeit verlangt dagegen eine umfassende Weisungsgebundenheit, wie beispielsweise ein Arbeitsverhältnis oder eine vergleichbare Arbeitspflicht.[63] Nur wenn der Vertreter rechtlich und wirtschaftlich vom Unternehmen unabhängig ist und er im Rahmen seiner „ordentlichen Geschäftstätigkeit"[64] handelt, greift die Befreiungsvorschrift des Art. 5 Abs. 6 OECD-MA.[65] Im deutschen Recht trifft dies wohl im Regelfall auf den Makler, den Kommissionär und den Handelsvertreter zu.[66] Entscheidend wird aber auch hier wieder nur das Gesamtbild der Umstände im jeweiligen Einzelfall sein.[67]

Eine Vertreterbetriebsstätte wie sie das Abkommensrecht kennt, kennt das nationale deutsche Steuerrecht in dieser Form nicht. Die Regelungen entsprechen aber im Wesentlichen der des „ständigen Vertreters" i.S.d. § 13 AO.[68] Allerdings ist wie bei der allgemeinen Betriebsstättendefinition auch die abkommensrechtliche „Vertreterbetriebsstätte" deutlich enger definiert als der „ständige Vertreter" im nationalen deutschen Steuerrecht.[69] Dieser benötigt beispielsweise im Gegensatz zur Vertreterbetriebsstätte keine Abschlussvollmacht. Auch einen Ausschluss von vorbereitenden oder Hilfstätigkeiten kennt das nationale deutsche Steuerrecht nicht.

---

[62] BFH, Urteil v. 30.04.1975, BStBl. II 1975, S. 626, 627 f.; BFH, Urteil v. 14.09.1994, BStBl. II 1995, S. 238, 240.
[63] V/L-*Görl*, Art. 5 OECD-MA, Rn. 145.
[64] Vgl. D/W-*Wassermeyer*, Art. 5, Rn. 229 ff.
[65] Art. 5, Tz. 37 OECD-MK.
[66] Wie schwierig und umstritten die Beurteilung im Einzelfall jedoch ist, zeigt Rasch, IStR 2011, S. 6, 9 ff. für das Beispiel des Kommissionärs.
[67] Vgl. für einen möglichen Kriterienkatalog zur Abgrenzung Piltz, IStR 2004, S. 181, 186.
[68] Zum Begriff des „ständigen Vertreters" i.S.d. § 13 AO siehe S. 4.
[69] H/H/S-*Musil*, § 13 AO, Rn. 18.

2. Bau- oder Montagebetriebsstätte

Eine weitere Sonderform mit speziellen Regelungen ist die Bau- und Montagebetriebsstätte. Unter Bauausführungen versteht man sowohl national, als auch abkommensrechtlich Arbeiten aller Art, die im weitesten Sinn mit der Errichtung von Hoch- und Tiefbauten zusammenhängen, wie beispielsweise das Erstellen und Renovieren von Gebäuden, Straßen, Brücken, Bahnstrecken, Kanälen oder Kanalisationen, das Verlegen von Rohrleitungen oder auch Erd- und Baggerarbeiten.[70] Unter den selbständig zu betrachtenden Begriff der Montage fallen „das Zusammenfügen oder der Umbau von vorgefertigten Einzelteilen".[71] Reine Reparatur- und Instandhaltungs-arbeiten begründen keine Bau- oder Montagebetriebsstätte.[72] Planungs- und Überwachungstätigkeiten zählen zumindest dann zu den Bau- bzw. Montagearbeiten, wenn sie nur eine Teilleistung der eigentlichen Bauausführung bzw. Montage darstellen.[73]

Nach in Deutschland h.M. ist der Art. 5 Abs. 3 OECD-MA, genauso wie § 12 Satz 2 Nr. 8 AO, als lex specialis zu Art. 5 Abs. 1 OECD-MA bzw. § 12 Satz 1 AO zu sehen.[74] Demzufolge liegt auch beim Vorhandensein   einer festen Geschäftseinrichtung keine Betriebsstätte vor, wenn die entsprechende Zeitdauer bei der Bauausführung oder Montage nicht erreicht wird.[75] Der § 12 Satz 2 Nr. 8 AO schreibt eine Mindestzeitdauer von sechs Monaten, der Art. 5 Abs. 3 OECD-MA sogar zwölf Monate vor.[76]

Die Zeitberechnung beginnt mit dem Start der Bauarbeiten. Dazu zählen auch bereits alle vorbereitenden Maßnahmen. Sie endet mit dem Abschluss oder dem endgültigen Einstellen der Bauarbeiten. Lediglich vorübergehende Unterbrechungen zählen nicht als Beendigung und sind bei der Berechnung der Zeitspanne mit einzubeziehen.[77] Sofern nach Beendigung der Bauausführungen noch Geräte oder Materialien auf der Baustelle lagern, hat dies keine Auswirkungen auf die Zeitberechnung.[78] Die Zeitrechnung beginnt zu dem Zeitpunkt, in dem am Ort der Bauausführung bzw. Montage eine vom Bau- bzw. Montageunternehmen entsandte Person eintrifft. Sie endet grundsätzlich mit der Abnahme der Montage oder mit der Abreise der letzten an der Montage beteiligten Person. Vorübergehende, im Betriebsablauf begründete Unterbrechungen hemmen die Fristberechnung nicht.[79] Zeiten, die ein vom Generalunternehmer beauftragter Subunternehmer auf der Bau- oder Montagebetriebsstätte

---

[70] BFH, Urteil v. 07.03.1979, BStBl. II 1979, S. 527, 528; Art. 5, Tz. 17 OECD-MK.
[71] BFH, Urteil v. 16.05.1990, BStBl. II 1990, S. 983, 984.
[72] BFH, Beschluss v. 27.04.1954, BStBl. III 1954, S. 179.
[73] Tz. 4.3.2. BS-VWG; Art. 5, Tz. 17 OECD-MK.
[74] D/W-*Wassermeyer*, Art. 5 OECD-MA, Rn. 95.
[75] So auch Eckl, IStR 2009, S. 510, 513; D/W-*Wassermeyer*, Art. 5 OECD-MA, Rn. 95.
[76] In den einzelnen deutschen DBA variiert die Mindestzeit zwischen sechs, neun oder zwölf Monaten und 183 Tagen.
[77] Art. 5, Tz. 19 OECD-MK; Tz. 4.3.1. BS-VWG.
[78] Tz. 4.3.1. BS-VWG.
[79] BFH, Urteil v. 21.04.1999, BStBl. II 1999, S. 694, 696.

tätig ist, werden dem Generalunternehmer zugerechnet.[80] Ob der Subunternehmer selbst ebenfalls eine Bau- oder Montagebetriebsstätte begründet, ist für diesen gesondert zu berechnen.[81] Bei einem Konsortium sind die Zeiten für jeden Konsorten gesondert festzustellen, während bei einer Arbeitsgemeinschaft (ARGE) als GbR die Zeiten einheitlich zu erfassen sind.[82]

Gemäß § 12 Satz 2 Nr. 8 lit. b und c AO können auch „eine von mehreren zeitlich nebeneinander bestehenden Bauausführungen oder Montagen" die Mindestzeitdauer für alle oder „mehrere ohne Unterbrechung aufeinanderfolgende Bauausführungen oder Montagen" die Mindestzeitdauer gemeinsam erfüllen. Eine solche Regelung fehlt im OECD-MA, so dass diese Regelung nur für den nationalen Betriebsstättenbegriff Anwendung finden kann.[83] Grundsätzlich ist für den abkommensrechtlichen Begriff der Baubetriebsstätte die Zeitdauer für jede Bauausführung bzw. Montage gesondert zu ermitteln.[84] Verschiedene Bauausführungen sind dann zusammenzuzählen, wenn sie einen wirtschaftlichen und geografischen Zusammenhang besitzen.[85] Der BFH verlangt darüber hinaus noch einen technischen und organisatorischen Zusammenhang.[86] Insbesondere die Auslegung des Begriffs des „geografischen Zusammenhangs" durch die deutsche Finanzverwaltung (50 km Luftlinie zwischen zwei Bauausführungen)[87] erscheint doch recht willkürlich.[88] Entscheidend sollten auch hier die jeweiligen Umstände des Einzelfalls sein.

3. Dienstleistungsbetriebsstätte

Das UN-MA enthält in Art. 5 Abs. 3 noch eine weitere Regelung. Gemäß lit. b sollen auch Dienstleistungen, die ein Unternehmen in einem anderen Staat erbringt, eine Betriebsstätte begründen (sog. Ausübungsortsprinzip). Voraussetzung ist, dass die Erbringung der Dienstleistung innerhalb eines beliebigen zwölf Monatszeitraums länger als sechs Monate andauert. Betroffen sind davon Tätigkeiten, bei denen das Personal eines Unternehmens in den Räumlichkeiten eines anderen Unternehmens tätig wird, ohne die eigentlich notwendige Verfügungsmacht zu besitzen. Das können beispielsweise Unternehmensberater, Wirtschaftsprüfer,

---

[80] BFH, Beschluss v. 13.11.1962, BStBl. III 1963, S. 71.
[81] Bendlinger/Görl/Paaßen/Remberg, IStR 2004, S. 145, 146.
[82] Tz. 4.3.4. BS-VWG; D/W-*Wassermeyer*, Art. 5 OECD-MA, Rn. 144 f.
[83] So auch D/W-*Wassermeyer*, Art. 5 OECD-MA, Rn. 99 f.
[84] Art. 5, Tz. 18 OECD-MK.
[85] Tz. 4.3.5. BS-VWG; Art. 5, Tz. 18 OECD-MK.
[86] BFH, Urteil v. 16.05.2001, BStBl. II 2002, S. 846, 847.
[87] Tz. 4.3.5. BS-VWG.
[88] So auch Bendlinger/Remberg/Kuckhoff, IStR 2002, S. 40, 43.

aber auch handwerkliche oder technische Dienstleister sein. Das Merkmal der „festen Geschäftseinrichtung" wird damit vollständig aufgegeben.[89]

Eine reine Dienstleistungstätigkeit ohne feste Geschäftseinrichtung begründet keine Betriebsstätte nach § 12 Satz 1 AO, da ein reines Tätigwerden nicht ausreicht.[90] Grundsätzlich gilt dies auch für Art. 5 Abs. 1 OECD-MA. Andererseits beschreibt das sog. Anstreicherbeispiel in Art. 5, Tz. 4.5 OECD-MK einen ebensolchen Fall und spricht ihm trotz fehlender fester Geschäftseinrichtung die Betriebsstätteneigenschaft zu. In Deutschland ist insbesondere dieses Beispiel auf heftige Kritik gestoßen.[91] Auch das BMF teilt die Einschätzung in diesem Beispielfall nicht.[92] Dennoch lässt sich daran deutlich sehen, dass auch in der OECD die Tendenz zur Aufnahme einer Dienstleistungsbetriebsstätte zu erkennen ist.[93]

Auch bezüglich der Auslegung des BFH von § 12 Satz 1 AO bleibt abzuwarten, wie die zukünftige Entwicklung aussieht.[94] Es lässt sich zur Zeit nicht verlässlich vorhersagen, inwieweit die Dienstleistungsbetriebsstätte Einzug in die Betriebsstättendefinition halten wird. Von den deutschen Doppelbesteuerungsabkommen enthalten bisher einzig die DBA mit China und seit 2011 auch mit der Türkei[95] eine dem Art. 5 Abs. 3 lit. b UN-MA nachgebildete Regelung.

---

[89] Vgl. V/L-*Görl*, Art. 5 OECD-MA, Rn. 73.
[90] BFH, Urteil v. 04.06.2008, BStBl. II 2008, S. 922, 923.
[91] D/W-*Wassermeyer*, Art. 5 OECD-MA, Rn. 10a; a.A. Reimer, IStR 2009, S. 378, 381.
[92] Art. 5, Tz. 45.7 OECD-MK.
[93] Zu meiner Ansicht nach berechtigten Kritik hieran vgl. Bendlinger/Görl/Paaßen/ Remberg, IStR 2004, S. 145, 148.
[94] Vgl. Korff, IStR 2009, S. 231, 234 ff.
[95] Dazu ausführlich Ruhlmann, ImmoStR 2011, S. 167, 167 ff.

C. Vorüberlegungen zur Einkünfteabgrenzung bei Betriebsstätten

Sofern nach den oben genannten Voraussetzungen eine Betriebsstätte festgestellt wurde, geht es im zweiten Schritt dann darum, dieser Betriebsstätte die von ihr erwirtschafteten Einkünfte zuzuordnen und sie von den Gesamteinkünften des Unternehmens abzugrenzen.

I. Unterscheidung der Einkünfteabgrenzung von der Einkünfteermittlung

Was aber ist überhaupt unter dem Begriff der Einkünfteabgrenzung zu verstehen? Zuerst einmal bleibt festzuhalten, dass es sich hierbei nicht um einen feststehenden Begriff handelt. In der Literatur synonym verwendet werden u.a. auch die Begriffe Gewinnabgrenzung, Einkünftezuordnung, Gewinnzuordnung, Gewinnaufteilung oder Erfolgsabgrenzung.[96] Er darf aber keinesfalls mit der Einkünfteermittlung[97] verwechselt werden.

Bevor die Einkünfte zwischen dem Stammhaus[98] und den einzelnen Betriebsstätten abgegrenzt werden können, muss in einem ersten Schritt   ermittelt werden, in welcher Höhe überhaupt Einkünfte vorliegen. Die Einkünfteermittlung ist in den DBA nicht geregelt, sondern folgt ausschließlich den nationalen Gesetzen.[99] In Deutschland müssen buchführungspflichtige Gewerbetreibende gemäß §§ 5, 4 Abs. 1 EStG ihre Einkünfte durch Betriebsvermögensvergleich (Bilanzierung) ermitteln.[100] § 4 Abs. 1 EStG gilt ebenso für buchführungspflichtige Land- und Forstwirte und freiwillig buchführende Land- und Forstwirte, Gewerbetreibende und Freiberufler. Nicht zur Buchführung verpflichtete Land- und Forstwirte, Gewerbetreibende und Freiberufler können ihre Einkünfte auch gemäß § 4 Abs. 3 EStG durch eine Einnahmenüberschussrechnung ermitteln.[101]

Gemäß § 238 Abs. 1 Satz 1 HGB ist grundsätzlich jeder Kaufmann zur Buchführung verpflichtet.[102] Was unter einem Kaufmann zu verstehen ist, regeln die §§ 1 ff. HGB.[103] In erster Linie sind dies Einzelkaufleute, Personenhandelsgesellschaften und Kapitalgesellschaften. Keine Kaufleute sind dagegen Freiberufler und nicht ins Handelsregister eingetragene Kleingewerbetreibende und Land- und Forstwirte. Gemäß § 140 AO gilt die handelsrechtliche Buchführungspflicht auch für die steuerliche Einkünfteermittlung. Für Gewerbetreibende und

---

[96] Zu den einzelnen Nachweisen vgl. Ditz, Gewinnabgrenzung, S. 37 f.
[97] Ein häufiges Synonym ist auch der Begriff „Gewinnermittlung".
[98] Das Stammhaus ist diejenige Betriebsstätte des Unternehmens, in der sich die geschäftliche Oberleitung befindet (Tz. 2.1. BS-VWG).
[99] W/A/D-*Andresen*, Rn. 2.9; Art. 7, Tz. 55 OECD-MK; Tz. 2.1. BS-VWG.
[100] Dies gilt gemäß § 8 Abs. 1 KStG auch für Unternehmen i.S.d. § 1 Abs. 1 KStG.
[101] Darüber hinaus gibt es für bestimmte Steuerpflichtige noch spezielle Gewinnermittlungsvorschriften wie § 13a EStG oder § 5a EStG.
[102] Befreit sind bestimmte Einzelkaufleute unter den Voraussetzungen des § 241a HGB.
[103] Gegebenenfalls in Verbindung mit den jeweiligen spezialgesetzlichen Regelungen, wie beispielsweise § 17 Abs. 2 GenG für die eingetragene Genossenschaft.

Land- und Forstwirte, die nicht bereits nach § 238 Abs. 1 Satz 1 HGB buchführungspflichtig sind, kann sich die Buchführungspflicht darüber hinaus auch nach § 141 AO ergeben. Voraussetzung ist, dass mindestens ein Merkmal des § 141 Abs. 1 Satz 1 Nr. 1 bis 5 AO erfüllt ist.

Eine Betriebsstätte ist nicht rechtlich selbständig, sondern lediglich ein Teil des Unternehmens. Deshalb gilt im Outbound-Fall die Buchführungspflicht auch für alle ausländischen Betriebsstätten.[104] Grundsätzlich besteht gemäß § 146 Abs. 2 Satz 1 AO die Pflicht, auch die Buchführung für die ausländische Betriebsstätte in Deutschland durchzuführen. Existiert für die Betriebsstätte nach dem nationalen Recht des Staates, in dem sie belegen ist, ebenfalls eine Buchführungspflicht, so entfällt gemäß § 146 Abs. 2 Satz 2 AO die Buchführungspflicht in Deutschland. Die Ergebnisse müssen dann aber gemäß § 146 Abs. 2 Satz 3 AO vom deutschen Stammhaus in die eigene Buchführung übernommen werden. Problematisch ist insbesondere die Frage, wie die Geschäftsvorfälle aus einer ausländischen Betriebsstätte, die in einem Nicht-Euro-Staat belegen ist, in Euro umzurechnen sind. Zu beachten sind dabei stets die Grundsätze ordnungsgemäßer Buchführung.[105] Aus diesem Grund ist ein pauschales Umrechnen am Bilanzstichtag (sog. Stichtagsprinzip) in den meisten Fällen nicht ausreichend.[106] Vielmehr ist jeder Geschäftsvorfall gesondert zu betrachten und wenn möglich mit dem Tageskurs umzurechnen (sog. Zeitbezugsmethode).[107] Entstehen dabei Währungsgewinne oder -verluste, so sind diese als von der Betriebsstätte veranlasst zu sehen und bei ihr zu berücksichtigen.[108]

Im Inbound-Fall ist zwischen einer inländischen Betriebsstätte und einer Zweigniederlassung[109] zu differenzieren. Bei einer inländischen Zweigniederlassung gemäß § 13d HGB gelten die handelsrechtlichen Buchführungspflichten ebenfalls.[110] Sofern es sich nicht um eine Zweigniederlassung handelt, ist sie gemäß § 141 AO meist dennoch zur Buchführung verpflichtet.[111] Diese Pflicht bezieht sich allerdings nur auf die in Deutschland steuerbaren Einkünfte.[112] Gemäß § 146 Abs. 2 Satz 1 AO muss die Buchführung für die inländische Betriebsstätte dabei grundsätzlich in Deutschland erfolgen. Unter bestimmten Voraussetzungen können die Finanzbehörden allerdings gemäß § 146 Abs. 2a AO auf Antrag gewähren,

---

[104] Schaumburg, Internationales Steuerrecht, Rn 18.17.
[105] V/L-*Hemmelrath*, Art. 7 OECD-MA, Rn. 23; Tz. 2.8.1. BS-VWG.
[106] BFH, Urteil v. 13.09.1989, BStBl. II 1990, S. 57, 59 f.
[107] W/A/D-*Wassermeyer*, Rn. 6.7; vgl. zu den anzuwendenden Umrechnungsmethoden Tz. 2.8.1. ff. BS-VWG.
[108] W/A/D-*Wassermeyer*, Rn. 6.8 und Rn. 6.9.
[109] Zum Begriff der Zweigniederlassung im Abkommensrecht vgl. D/W-*Wassermeyer*, Art. 5 OECD-MA, Rn. 71.
[110] W/A/D-*Andresen*, Rn. 12.2.
[111] HK-*Niehaves*, Art. 7 OECD-MA, Rn. 60.
[112] BFH, Urteil v. 17.12.1997, BStBl. II 1998, S. 260.

dass die elektronische Buchführung im Ausland aufbewahrt wird. Auch Erleichterungen von der Buchführungspflicht können gemäß § 148 AO bewilligt werden.[113]

Erst im Anschluss an die Einkünfteermittlung des Unternehmens geht es um die Einkünfteabgrenzung. Konkret soll die Frage beantwortet werden, welcher Anteil an den Einkünften des Unternehmens entfällt auf welchen Unternehmensteil. Wie diese Abgrenzung durchgeführt werden soll, regelt der Art. 7 OECD-MA.[114]

II. Das Ansässigkeits- und Betriebsstättenprinzip

Warum die Einkünfteabrenzung zwischen den einzelnen Unternehmensteilen notwendig ist, wurde bereits in der Einleitung deutlich. International gilt der Grundsatz, dass derjenige Staat, in dem ein Unternehmen seinen Sitz[115] hat, auch das alleinige Besteuerungsrecht für dieses Unternehmen besitzt.[116] Der nationalen Besteuerung unterliegen dabei in den meisten Staaten alle Einkünfte dieses Unternehmens (sog. Welteinkommensprinzip).[117] Das OECD-MA macht von diesem Grundsatz dann eine Ausnahme, wenn das Unternehmen im anderen Vertragsstaat eine Betriebsstätte besitzt.[118] In diesem Fall erhält der Staat, indem das Unternehmen seinen Sitz hat (sog. Ansässigkeitsstaat), das Recht der Besteuerung für alle Einkünfte des Unternehmens (sog. Ansässigkeitsprinzip), wobei diejenigen Einkünfte, die auf die ausländische Betriebsstätte entfallen, entweder von der Steuerbemessungsgrundlage ausgenommen werden (sog. Freistellungsmethode) oder die Steuer, die auf diese Einkünfte im anderen Staat bezahlt wurde, auf die nationale Steuer angerechnet werden (sog. Anrechnungsmethode).[119] In fast allen von Deutschland abgeschlossenen DBA kommt dabei die Freistellungsmethode zur Anwendung.[120] Der andere Vertragsstaat, in dem das   Unternehmen eine Betriebsstätte unterhält (sog. Betriebsstättenstaat), hat das Besteuerungsrecht für diejenigen Einkünfte des Unternehmens, die auf die Betriebsstätte entfallen (sog. Betriebsstättenprinzip).[121] Bei der Besteuerung dieser Einkünfte darf das ausländische Unternehmen gemäß Art. 24 Abs. 3 Satz

---

[113] Einen Überblick dazu gibt W/A/D-*Andresen*, Rn. 12.10.
[114] Sofern im Falle einer ausländischen Betriebsstätte kein DBA mit dem anderen Staat vorliegt, sind ausschließlich die nationalen Vorschriften der Einkünfteermittlung maßgebend.
[115] Sofern der „Sitz" und der „Ort der Geschäftsleitung" eines Unternehmens in zwei unterschiedlichen Staaten liegen, ist im Zweifelsfall allerdings gemäß Art. 4 Abs. 3 OECD-MA der „Ort ihrer tatsächlichen Geschäftsleitung" maßgeblich.
[116] Art. 7 Abs. 1 Satz 1 1. HS i.V.m. Art. 3 Abs. 1 lit. d OECD-MA („können nur"), vgl. auch z.B. für Deutschland § 1 Abs. 1 Satz 1 EStG oder § 1 Abs. 1 KStG.
[117] Wassermeyer, IStR 2011, S. 813, 814.
[118] Art. 7 Abs. 1 Satz 1 2. HS OECD-MA.
[119] Art. 7 Abs. 1 i.V.m. Art. 23A bzw. Art. 23B OECD-MA.
[120] In den neueren deutschen DBA werden allerdings vermehrt sog. „Switch-over-Regelungen" eingebaut, die unter bestimmten Voraussetzungen zu einem Wechsel von der Freistellungs- zur Anrechnungsmethode führen sollen; vgl. dazu Haase/Dorn, IStR 2011, S. 791, 791 ff.
[121] Art. 7 Abs. 1 Satz 2 OECD-MA.

1 OECD-MA aber nicht schlechter gestellt werden, als ein vergleichbares inländisches Unternehmen (sog. Betriebsstättendiskriminierungsverbot).

Kritik am Betriebsstättenprinzip im OECD-MA kam vor allem von einigen Entwicklungsländern, die eine Besteuerung nach dem Quellenprinzip im Betriebsstättenstaat verlangten.[122] Das UN-MA kommt dem entgegen und enthält deshalb einen weitergehenden Begriff, der unter bestimmten Voraussetzungen auch eine Besteuerung von Direktgeschäften aus einem anderen Staat in den Betriebsstättenstaat zulässt (sog. eingeschränktes Attraktionsprinzip).[123] Das eingeschränkte Attraktionsprinzip stellt im Ergebnis keinen Verstoß gegen das Betriebsstättendiskriminierungsverbot dar.[124] Gleichwohl ist es aber bisher in keinem DBA von der Bundesrepublik Deutschland aufgenommen worden.

III. Personengesellschaften

Ein großes Problem im internationalen Steuerrecht stellen die Personen-gesellschaften dar. Fraglich ist bereits, wie ausländische Personengesell-schaften im nationalen Steuerrecht des jeweils anderen Vertragsstaates zu klassifizieren sind. Für die Klassifizierung wird ausschließlich auf das nationale Steuerrecht abgestellt und die Behandlung im Sitzstaat der Gesellschaft außen vor gelassen.[125] In Deutschland muss für die ausländische Gesellschaft ein sog. Rechtstypenvergleich anhand mehrerer vom BFH entwickelter Kriterien durchgeführt werden.[126] Anhand dessen wird die Gesellschaft in Deutschland entweder als Personen- oder als Kapitalgesellschaft klassifiziert. Im Anhang der BS-VWG sind zwei Tabellen enthalten, in denen bereits einige ausländische Gesellschaften klassifiziert wurden. Da dies nach rein nationalen Gesichtspunkten erfolgt, kann die Klassifizierung der Gesellschaft im Sitzstaat davon abweichen.

Differenziert zu betrachten ist der Fall, dass eine ausländische Gesellschaft ihren Sitz nach Deutschland verlegt. Insbesondere die Staaten des angloamerikanischen Rechtskreises, aber auch zum Beispiel die Niederlande oder die Schweiz, folgen der sog. Gründungstheorie. Demnach richtet sich die anzuwendende Rechtsordnung nach dem Staat, in dem die Gesellschaft wirksam errichtet wurde. In Deutschland ist dagegen die sog. Sitztheorie vorherrschend, nach der sich die anzuwendende Rechtsordnung nach dem Staat richtet, in dem die

---

[122] Vgl. V/L-*Hemmelrath*, Art. 7 OECD-MA Rn. 5; zur Abwägung der OECD vgl. Art. 7, Tz. 10 OECD-MK.
[123] Vgl. V/L-*Hemmelrath*, Art. 7 OECD-MA, Rn. 46.
[124] Vgl. V/L-*Rust*, Art. 24 OECD-MA, Rn. 108; D/W-*Wassermeyer*, Art. 24, Rn. 43.
[125] V/L-*Prokisch*, Art. 1 OECD-MA, Rn. 19; D/W-*Piltz/Wassermeyer*, Art. 7 OECD-MA, Rn. 77; Tz. 1.2 VWG-PersG.
[126] Vgl. für den Kriterienkatalog Nr. IV. VWG-LLC, der durch BFH, Urteil v. 20.08.2008, BStBl. II 2009, S. 263, 266 bestätigt wurde.

Gesellschaft ihren Sitz hat.[127] Im Ergebnis verliert eine ausländische juristische Person, die ihren Verwaltungssitz nach Deutschland verlegt, dadurch regelmäßig ihre Rechtsfähigkeit.[128] Oftmals werden ausländische Körperschaften dann in inländische Personenhandelsgesellschaften, wie beispielsweise die OHG, umgedeutet.

Der EuGH hat zwischenzeitlich entschieden, dass dies gegen die europäische Niederlassungsfreiheit verstößt.[129] Unternehmen, die nach dem Recht eines EU- bzw. EWR-Mitgliedsstaates wirksam gegründet wurden und ihren Sitz nach Deutschland verlegen, werden deshalb nach der Gründungstheorie behandelt und behalten ihre Rechtsfähigkeit.[130] Für Unternehmen aus Nicht-EU- bzw. EWR-Staaten gilt dagegen weiterhin die Sitztheorie.[131] Der Rechtstypenvergleich zur steuerlichen Klassifizierung der Gesellschaft für die Anwendung des Doppelbesteuerungsabkommens soll nach Ansicht der deutschen Finanzverwaltung von der zivilrechtlichen Einordnung allerdings nicht berührt werden.[132]

Ist eine Personengesellschaft als solche klassifiziert worden, stellt sich weiterhin die Frage, wie sie steuerlich zu behandeln ist. In einigen Staaten wird eine Personengesellschaft als eigenständiges Steuersubjekt behandelt und entsprechend besteuert (sog. Trennungsprinzip), während andere Staaten sie lediglich als Einkünfteermittlungssubjekt sehen und die hinter der Personengesellschaft stehenden Gesellschafter der Besteuerung unterwerfen (sog. Transparenzprinzip).[133] Damit verbunden ist auch die Frage der Ansässigkeit einer Personengesellschaft. Nach dem Trennungsprinzip ist der Sitz der Personengesellschaft ausschlaggebend, während es nach dem Transparenzprinzip auf die einzelnen Gesellschafter ankommt.[134] Entsprechend ist es aus deutscher Sicht entscheidend, ob die Gesellschafter in einem der Vertragsstaaten ansässig sind.[135] Es wird dazu fingiert, dass jeder Gesell-schafter ein Unternehmen betreibt, so dass am Ende genauso viele Unternehmen bestehen, wie die Personengesellschaft Gesellschafter hat.[136] Die Betriebsstätten der Personengesellschaft stellen dabei jeweils eine anteilige Betriebsstätte eines jeden Gesellschafters dar.[137] Jeder in einem der

---

[127] Vgl. zu den Theorien Spahlinger/Wegen, Internationales Gesellschaftsrecht, Rn. 31 ff.
[128] V/L-*Prokisch*, Art. 1 OECD-MA, Rn. 20.
[129] Vgl. insbesondere EuGH, Urteil v. 05.11.2002, EuZW 2002, S. 754.
[130] Aufgrund des Art. 15 Abs. 5 des Deutsch-Amerikanischen Handels-, Schifffahrts- und Freundschaftsvertrags v. 29.10.1954 (BGBl. II 1956, S. 487) gilt die Gründungstheorie auch für Unternehmen, die nach dem Recht der USA wirksam gegründet wurden.
[131] BGH, Urteil v. 27.10.2008, EuZW, S. 59, Rn. 19.
[132] Nr. IV. VWG-LLC
[133] Einen Überblick über die Behandlung in den EU-Staaten, der Schweiz und den USA geben Hey/Bauersfeld, IStR 2005, S. 649, 649 ff.
[134] Krabbe, IStR 2002, S. 145, 146.
[135] Tz. 2.1.1 VWG-PersG.
[136] Tz. 2.2.2 VWG-PersG.
[137] Haase, Internationales Steuerrecht, Rn. 607; auch ständige Rechtsprechung des BFH, zuletzt BFH, Urteil v. 08.09.2010, IStR 2011, S. 32, Rn. 14.

Vertragsstaaten ansässige Gesellschafter ist demzufolge aus deutscher Sicht ein Unternehmen eines Vertragsstaats i.S.d. Art. 7 Abs. 1 Satz 1 OECD-MA.

Grundsätzlich folgt jeder Staat bei der Frage, ob die Personengesellschaft als transparent oder intransparent zu behandeln ist, seinen nationalen Rechtsvorschriften.[138] Wird dabei eine Personengesellschaft von einem Vertragsstaat als transparent und vom anderen Vertragsstaat als intransparent behandelt, führt dies meist zu einer Doppelbesteuerung bzw. doppelten Nicht-Besteuerung.[139] Aus diesem Grund plädiert die OECD für eine einvernehmliche Lösung. Der Sitzstaat der Personengesellschaft nimmt die Einordnung ob transparent oder intransparent in Übereinstimmung mit dem Doppelbesteuerungsabkommen vor und der Quellenstaat ist verpflichtet, diese Einordnung für die Anwendung des Doppelbesteuerungs-abkommens zu übernehmen (sog. Rechtsfolgenverkettung).[140] Der Ansässigkeitsstaat ist folglich in der Verantwortung die Doppelbesteuerung zu verhindern.[141] Die deutsche Finanz-verwaltung folgt inzwischen dieser Sichtweise.[142]

Unabhängig von der Frage, ob die Einkünfte der Personengesellschaft oder den Gesellschaf-tern zugerechnet werden, ist darüber hinaus zu beurteilen, ob die Einkünfte überhaupt zu den Einkünften eines Unternehmens i.S.d. Art. 7 OECD-MA zählen. Nach Auffassung der deutschen Finanzverwaltung fallen unter Art. 7 OECD-MA alle Einkünfte einer Personenge-sellschaft, die gewerbliche Einkünfte i.S.d. §§ 15 ff. EStG erzielt. Dazu zählen sollen auch die Einkünfte von gewerblich geprägten und gewerblich infizierten Personengesellschaften.[143] Dem widerspricht allerdings der BFH in ständiger Rechtsprechung.[144] Rein vermögensver-waltende Personengesellschaften sind explizit ausgenommen.[145] Bei allen neueren DBA, in denen kein dem ehemaligen Art. 14 OECD-MA nachgebildeter Artikel enthalten ist, fallen auch die Einkünfte von freiberuflich tätigen Personengesellschaften i.S.d. § 18 EStG unter Art. 7 OECD-MA.[146]

Ein weiteres Problem stellen die sog. Sondervergütungen von Gesellschaftern einer Perso-nengesellschaft dar. Dabei handelt es sich um Zahlungen, die die Personengesellschaft für besondere Leistungen an einen Gesellschafter erbringt.[147] Im OECD-MA sind diese nicht explizit geregelt.[148] In Deutschland stellen diese Sondervergütungen gemäß § 15 Abs. 1 Satz

---

[138] Vgl. zu sämtlichen Fallvarianten V/L-*Prokisch*, Art. 1 OECD-MA, Rn. 25 ff.
[139] V/L-*Prokisch*, Art. 1 OECD-MA, Rn. 18.
[140] Art. 1, Tz. 6.1 f. OECD-MK; vgl. zur Kritik daran D/W-*Wassermeyer*, Art. 1 OECD-MA, Rn. 28d und 28f.
[141] Schmidt, IStR 2001, S. 489, 495.
[142] Tz. 4.1.3.3.1 VWG-PersG.
[143] Tz. 1.1 i.V.m. Tz. 2.2.1 VWG-PersG; zustimmend Krabbe, IStR 2002, S. 145, 149.
[144] Zuletzt durch BFH, Urteil v. 24.08.2011, IStR 2011, S. 925, Rn. 16.
[145] Tz. 1.1 i.V.m. Tz. 2.2.1 VWG-PersG.
[146] Tz. 2.2.1.1 VWG-PersG.
[147] V/L-*Prokisch*, Art. 1 OECD-MA, Rn. 39.
[148] HK-*Niehaves*, Art. 7 OECD-MA, Rn. 96.

1 Nr. 2 Satz 1 2. HS EStG keine Betriebsausgaben der Gesellschaft dar, sondern werden stattdessen den Einkünften, die dem Gesellschafter aus der Personengesellschaft zustehen, zugerechnet. Obwohl dies in den meisten anderen Staaten nicht der Fall ist,[149] zählen nach Ansicht der deutschen Finanzverwaltung die Sondervergütungen immer zu den Einkünften eines Unternehmens i.S.d. Art. 7 OECD-MA.[150] Im Jahre 2009 ist diese Ansicht dann auch in § 50d Abs. 9 Satz 1 Nr. 1 EStG für den Outbound-Fall und in § 50d Abs. 10 Satz 1 EStG für den Inbound-Fall gesetzlich normiert worden und soll gemäß § 52 Abs. 59a Satz 6 bzw. Satz 8 EStG auch rückwirkend für alle noch nicht bestandskräftigen Bescheide angewandt werden.

Sofern der andere Vertragsstaat die Sondervergütungen anders behandelt und es dadurch zu einer Doppelbesteuerung kommt, soll der Ansässigkeitsstaat des Gesellschafters die gezahlte Steuer anrechnen.[151] Der BFH hat mit Urteil vom 08.09.2010 überzeugend dargelegt, dass der § 50d Abs. 10 Satz 1 EStG in seiner jetzigen Form seinen Zweck nicht erfüllt, da die gesetzli-che Regelung außer Acht lässt, dass ein Besteuerungsrecht Deutschlands nur besteht, wenn die Einkünfte auch einer inländischen Betriebsstätte zugerechnet werden können.[152] Sonder-vergütungen können nur derjenigen Betriebsstätte zugeordnet werden, von der aus der Gesellschafter sein Sonderbetriebsver-mögen verwaltet.[153] Nach Ansicht der OECD ist der Ansässigkeitsstaat an die Beurteilung des Quellenstaats gebunden.[154] Als eventuelle Lö-sungsmöglichkeiten zur Behandlung von Sondervergütungen im Abkommensfall werden insbesondere die sog. Mitunternehmer-Betriebsstätte und die sog. Sonderbetrieb-Betriebsstätte diskutiert.[155] Es ist zu empfehlen, in den zukünftig zu verhandelnden und neu abzuschließenden DBA eine explizite Regelung zu Behandlung von Sondervergütungen aufzunehmen.[156] Die weitere Entwicklung zu dieser Frage bleibt abzuwarten.

[149] Eine identische Regelung existiert neben Deutschland auch in Luxemburg, den Niederlanden und Österreich.
[150] Tz. 5.1 VWG-PersG; zur Kritik hieran vgl. Wassermeyer, IStR 2007, S. 413, 417.
[151] Haase, Internationales Steuerrecht, Rn. 654.
[152] BFH, Urteil v. 08.09.2010, IStR 2011, S. 32, Rn. 17 ff.; ebenfalls zustimmend Haase, Internationales Steuerrecht, Rn. 654; Kammeter, IStR 2011, S. 32, 37.
[153] Wassermeyer, IStR 2010, S. 37, 41.
[154] Art. 23, Tz. 32.4 ff. OECD-MK; D/W-*Wassermeyer*, Art. 1 OECD-MA, Rn. 28e.
[155] Vgl. dazu Haase, Internationales Steuerrecht, Rn. 654a.
[156] In den DBA mit Kasachstan, Österreich, Schweiz, Singapur und Usbekistan ist bereits explizit geregelt, dass die Sondervergütungen zu den Gewinnen eines Unternehmens i.S.d. Art. 7 OECD-MA zu zählen sind; ent-sprechendes ist jetzt auch im DBA mit Liechtenstein enthalten.

D. Die Einkünfteabgrenzung bei ausländischen Betriebsstätten

I. Die Methoden zur Einkünfteabgrenzung bei Betriebsstätten

Für die Einkünfteabgrenzung zwischen den einzelnen Unternehmensteilen wird grundsätzlich zwischen zwei Methoden unterschieden: Der direkten und der indirekten Methode, wobei jeder Staat über die Zulässigkeit selbst entscheiden kann.[157] Welche Methode der in Deutschland Steuerpflichtige wählt, ist grundsätzlich ihm überlassen. Der BFH gibt allerdings der direkten Methode den Vorzug.[158] Die Finanzverwaltung hat diese Ansicht in   Tz. 2.3. BS-VWG übernommen und die direkte Methode zur „Normal- bzw. Regelmethode" erklärt. Auch die h.M. im Schrifttum teilt diese Einschätzung.[159] Ein begründeter und nicht nur willkürlicher Wechsel der Methode ist im Ausnahmefall zulässig.[160]

1. Die direkte Methode

Der Grundsatz für die Einkünfteabgrenzung findet sich in Art. 7 Abs. 2 OECD-MA 2008.[161] Demnach werden der Betriebsstätte die Einkünfte   zugeteilt, „die sie hätte erzielen können, wenn sie eine gleiche oder ähnliche Geschäftstätigkeit unter gleichen oder ähnlichen Bedingungen als selbständiges Unternehmen ausgeübt hätte" (sog. Selbständigkeitsfiktion).[162] Die Abgrenzung soll mithin nach dem Fremdvergleichsgrundsatz erfolgen.[163]

Wie weit diese Selbständigkeitsfiktion geht ist nicht abschließend geklärt.[164] Grundsätzlich wird zwischen der sog. uneingeschränkten Selbständigkeitsfiktion, also der vollständigen Gleichstellung der Betriebsstätte mit einem rechtlich selbständigen Tochterunternehmen und der sog. eingeschränkten Selbständigkeitsfiktion, also unter der Beachtung, dass eine Betriebsstätte eben gerade nicht rechtlich selbständig ist, unterschieden.[165] In Deutschland ist dabei mehrheitlich das Bild der eingeschränkten Selbständigkeit vorherrschend,[166] wobei international keine Einheitlichkeit bei der Anwendung herrscht.[167] Das Ergebnis war oftmals

---

[157] So wohl auch im Ergebnis EuGH, Urteil v. 15.05.1997, EuZW 1997, S. 443, Tz. 31 ff.
[158] BFH, Urteil v. 28.03.1985, BStBl. II 1985, S. 405, 406.
[159] Stellvertretend HK-*Niehaves*, Art. 7 OECD-MA, Rn. 51.
[160] Art. 7 Abs. 6 OECD-MA 2008.
[161] Zum besseren Verständnis werden die beiden Methoden erst einmal in Ihrer ursprünglichen Form bis einschließlich des OECD-MA 2008 beschrieben.
[162] Zur Kritik hieran siehe Haase, Internationales Steuerrecht, Rn. 640.
[163] Bendlinger/Remberg/Kuckhoff, IStR 2002, S. 40, 44.
[164] Jacobs, Internationale Unternehmensbesteuerung, S. 668.
[165] Vgl. V/L-*Hemmelrath*, Art. 7 OECD-MA, Rn. 78 ff.; HK-*Niehaves*, Art. 7 OECD-MA, Rn. 148 ff.; D/W-*Wassermeyer*, Art. 7 OECD-MA, Rn. 323 f. m.w.N. zu den jeweiligen Vertretern der beiden Theorien.
[166] Haase, Internationales Steuerrecht, Rn. 642.
[167] Jacobs, Internationale Unternehmensbesteuerung, S. 668.

eine Doppelbesteuerung bzw. eine doppelte Nicht-Besteuerung der Einkünfte.[168] Um diesem in Zukunft vorzubeugen, hat die OECD in das OECD-MA 2010 eine neue, sehr weitgehende Regelung zur Selbständigkeitsfiktion der Betriebsstätte eingeführt.[169]

Bei der direkten Methode werden die Einkünfte der Betriebsstätte durch eine eigenständige Betriebsstättenbuchführung nach den deutschen Gewinnermittlungsvorschriften ermittelt.[170] Es spielt dabei keine Rolle, ob die Betriebsstätte gesetzlich zur eigenständigen Buchführung verpflichtet ist oder nicht. Gemäß Tz. 2.3.1. BS-VWG ist die direkte Methode dann vorzuziehen, wenn das Stammhaus und die Betriebsstätte jeweils verschiedene Funktionen nach Maßgabe der tatsächlichen Verhältnisse ausüben.

Bei festen, auf Dauer angelegten Betriebsstätten im Ausland wird ein Unternehmen meist schon aus Eigeninteresse eine eigene Buchführung durchführen.[171] Anders sieht es dagegen bei Betriebsstätten aus, die nur für kurze Zeit eingerichtet werden, wie beispielsweise eine Dienstleistungs- oder eine Bau- oder Montagebetriebsstätte. In diesen Fällen wird der Aufbau einer eigenen Buchführung meist einen zu großen Aufwand für das Unternehmen bedeuten.[172] Auch im Falle einer Vertreterbetriebsstätte wird oft keine gesonderte Buchführung vorhanden sein. Insbesondere dann, wenn es sich lediglich um eine fiktive Betriebsstätte handelt und der Vertreter an sich gar keine Steuerpflicht im Betriebsstättenstaat begründet.[173] Ihre Schwäche hat die direkte Methode auch dann, wenn Einnahmen und Ausgaben nicht eindeutig einem Unternehmensteil zuzuordnen sind.[174] In solchen Fällen ist die Aufteilung sachgerecht durch Schätzung vorzunehmen.[175]

2. Die indirekte Methode

Im Gegensatz zur direkten geht die indirekte Methode von den ermittelten Gesamteinkünften des Unternehmens aus.[176] Die Abgrenzung der Einkünfte erfolgt dann anschließend mit Hilfe eines selbst gewählten sachgerechten Schlüssels.[177] Als Schlüssel kommen dabei, je nach Branche des Unternehmens, die Umsätze, die Prämieneinnahmen, der Anteil am Betriebskapital sowie die Lohn- und/oder Materialkosten in Betracht.[178] In jedem Fall muss der gewählte

---

[168] Jacobs, Internationale Unternehmensbesteuerung, S. 668.
[169] Zu den Neuerungen ausführlich auf S. 25 f.
[170] Tz. 2.3.1 BS-VWG.
[171] Art. 7, Tz. 16 OECD-MK.
[172] HK-*Niehaves*, Art. 7 OECD-MA, Rn. 53; Bendlinger/Remberg/Kuckhoff, IStR 2002, S. 40, 44.
[173] HK-*Niehaves*, Art. 7 OECD-MA, Rn. 110.
[174] Bendlinger/Remberg/Kuckhoff, IStR 2002, S. 40, 44.
[175] Tz. 2.3.1 BS-VWG.
[176] Kahle/Mödinger, DB 2011, S. 2338, 2341; Frotscher, Internat. Steuerrecht, Rn. 286.
[177] Tz. 2.3.2. BS-VWG; HK-*Niehaves*, Art. 7 OECD-MA, Rn. 54.
[178] Tz. 2.3.2. BS-VWG.

Schlüssel aber dem Fremdvergleichsgrundsatz entsprechen.[179] Die Wahl eines für den entsprechenden Einzelfall geeigneten Schlüssels ist dabei die größte Schwierigkeit der indirekten Methode.[180]

Aufwendungen oder Erträge, die nur einen Unternehmensteil betreffen, bleiben bei der Ermittlung der Gesamteinkünfte außer Betracht. Sie werden nach erfolgter Aufteilung mit Hilfe des Schlüssels bei dem Unternehmensteil hinzugerechnet, bei dem sie wirtschaftlich angefallen sind.[181]

Die indirekte Methode führt meist nicht zu einem sachgerechten Ergebnis bei der Einkünfteabgrenzung. Dies zeigt sich insbesondere daran, dass auf Grund der einfachen Aufteilung der Gesamteinkünfte, alle Unternehmensteile entweder einen Gewinn oder einen Verlust erzielen müssen; eine Differenzierung zwischen den einzelnen Unternehmensteilen ist nicht möglich.[182] Aus diesem Grund kann es nur das Ziel sein, einen Schlüssel zu finden, der eine möglichst willkürfreie, verursachungsgerechte und nachvollziehbare Aufteilung der Einkünfte ermöglicht.[183] Ein Problem entsteht auch immer dann, wenn die nach dem Schlüssel zu verteilenden Gesamteinkünfte im Ansässigkeitsstaat und im Betriebsstättenstaat unterschiedlich hoch sind.[184] Da die Einkünfteermittlung nach den nationalen Regelungen erfolgt, wird es grundsätzlich zu einer unterschiedlichen Verteilungsgröße in den Staaten kommen, so dass es bei Anwendung der indirekten Methode regelmäßig zur Doppelbesteuerung bzw. doppelten Nicht-Besteuerung kommt.

3. Die gemischte Methode

In der Praxis hat sich neben den beiden vorgenannten Methoden noch eine sog. gemischte Methode herausgebildet.[185] Grund hierfür sind schlicht die bereits aufgeführten Schwächen. Die direkte Methode ist alleine nicht immer für alle Einkünfte anwendbar und die indirekte Methode alleine angewandt führt zu nicht immer sachgerechten Ergebnissen bei der Einkünfteabgrenzung.

Bei der gemischten Methode werden grundsätzlich alle Einkünfte nach der direkten Methode abgegrenzt. Nur bei den Einkünften, bei denen eine Abgrenzung nach der direkten Methode

---

[179] Art. 7 Abs. 4 OECD-MA 2008.
[180] Haase, Internationales Steuerrecht, Rn. 644.
[181] Tz. 2.3.2. BS-VWG.
[182] Kahle/Mödinger, DB 2011, S. 2338, 2342; a.A. D/W-*Wassermeyer*, Art. 7 OECD-MA, Rn. 191.
[183] HK-*Niehaves*, Art. 7 OECD-MA, Rn. 56.
[184] HK-*Niehaves*, Art. 7 OECD-MA, Rn. 55.
[185] HK-*Niehaves*, Art. 7 OECD-MA, Rn. 59.

nicht möglich ist, wird die indirekte Methode angewandt.[186] Der Schlüssel muss mithin nur noch für das nicht bereits nach der direkten Methode zugerechnete gefunden werden.[187] Es handelt sich folglich um eine Kombination beider Methoden.

II. Die Neuerungen der OECD

Die bereits oben erwähnte unterschiedliche Auslegung der Selbständigkeitsfiktion der Betriebsstätte und die daraus oftmals resultierende Doppelbesteuerung bzw. doppelte Nichtbesteuerung, beschäftigten bereits seit 1994 auch den Steuerausschuss der OECD.[188] Als Ergebnis seiner Arbeiten wurde am 07.07.2008 ein Entwurf für eine Neufassung des Art. 7 OECD-MA und am 17.07.2008 der sog. OECD-Betriebsstättenbericht veröffentlicht. Nach einigen Diskussionen und Überarbeitungen der Vorschläge wurde dann am 22.07.2010 das neue OECD-MA und der neue OECD-MK veröffentlicht. Die wohl wichtigste Änderung bei der Neufassung des OECD-MA und des OECD-MK betraf den Art. 7 und damit die Einkünfteabgrenzung zwischen Stammhaus und Betriebsstätte. Parallel dazu wurde auch der OECD-Betriebsstättenbericht in einer überarbeiteten Version von der OECD veröffentlicht.[189]

In ihrem bisherigen, traditionellen Verständnis, sah die OECD die Betriebsstätte bei der Einkünfteabgrenzung als eingeschränkt Selbständig an (sog. Relevant Business Activity Approach).[190] Mit dem überarbeiteten OECD-MA hat sich diese Sichtweise grundlegend geändert. Festgeschrieben im Art. 7 OECD-MA ist nun die uneingeschränkte Selbständigkeitsfiktion (sog. Functionally Separate Entity Approach)[191]. Die Einkünfteabgrenzung folgt dabei den Regeln, die bereits für die Einkünfteabgrenzung zwischen rechtlich selbständigen Mutter- und Tochtergesellschaften gemäß Art. 9 OECD-MA gelten. Das bedeutet, dass für die Einkünfteabgrenzung zwischen Stammhaus und Betriebsstätte nun ebenfalls die von der OECD aufgestellten Verrechnungspreisgrundsätze und der Fremdvergleichsgrundsatz gelten sollen.[192]

Transaktionen zwischen Stammhaus und Betriebsstätte oder zwischen zwei Betriebsstätten (sog. Innentransaktionen oder dealings), die rechtlich gesehen nur innerhalb eines Unternehmens stattfinden, werden nach den neuen Regelungen in einem zweistufigen Verfahren fiktiv wie Geschäftsbeziehungen zwischen zwei fremden Dritten behandelt und sollen für die

---

[186] Bendlinger/Remberg/Kuckhoff, IStR 2002, S. 40, 44; D/W-*Wassermeyer*, Art. 7 OECD-MA, Rn. 190 und Rn. 192.
[187] D/W-*Wassermeyer*, Art. 7 OECD-MA, Rn. 192.
[188] V/L-*Hemmelrath*, Art. 7 OECD-MA, Rn. 87.
[189] Vgl. zur historischen Entwicklung Kahle/Mödinger, IStR 2010, S. 757, 757.
[190] HK-*Niehaves*, Art. 7 OECD-MA, Rn. 157.
[191] Der Functionally Separate Entity Approach ist ursprünglich bereits am 08.02.2001 von der OECD vorgestellt worden (vgl. Konrad, IStR 2003, S. 786, 786).
[192] Ditz/Schneider, DStR 2010, S. 81, 82.

Einkünfteabgrenzung nach den Verrechnungspreisgrundsätzen bewertet werden.[193] In einem ersten Schritt wird ermittelt, welcher Unternehmensteil, welche Funktion ausübt und was für Risiken und Wirtschaftsgüter des Unternehmens ihm dafür zuzurechnen sind (sog. Funktionsanalyse). Im zweiten Schritt werden diese Funktionen und die Innentransaktionen dann nach dem Fremdvergleichsgrundsatz bewertet.

Eine Folge der Neuerungen ist, dass die Einkünfteabgrenzung nur noch nach der direkten Methode zu erfolgen hat. Die indirekte Methode ist nach Ansicht der OECD nicht mehr zulässig.[194] Ob die gemischte Methode noch angewandt werden darf ist nicht abschließend geklärt.[195] Wie die folgenden Ausführungen zeigen werden, wird dies aber wohl nötig sein. Konsequenterweise wurden die entsprechenden Absätze aus dem OECD-MA gestrichen, so dass der Art. 7 OECD-MA nunmehr nur noch aus vier Absätzen besteht.

III. Die Einkünfteabgrenzung im Einzelnen

Wie bereits beschrieben, ist die Einkünfteabgrenzung in Zukunft ein zweistufiges Verfahren. Zuerst wird eine Funktionsanalyse durchgeführt und daran anschließend erfolgt die Bewertung nach dem Fremdvergleichsgrundsatz.

1. Die Funktionsanalyse

Die Funktionsanalyse besteht aus mehreren einzelnen Schritten.[196] Als erstes werden jeder Betriebsstätte des Unternehmens, alle Funktionen zugeordnet, die diese ausführt. Entsprechend den zugeordneten Funktionen, werden dann auch die dazugehörigen Risiken auf die jeweiligen Betriebsstätten aufgeteilt. Im Anschluss daran, wird jeder Funktion das zu ihrer Ausübung erforderliche Wirtschaftsgut zugeteilt und den Betriebsstätten fiktiv das wirtschaftliche Eigentum an den jeweiligen Wirtschaftsgütern zugerechnet. Als letzten Schritt ist jeder Betriebsstätte noch ein entsprechendes Kapital zuzuordnen, das sie zur Erfüllung ihrer Funktionen benötigt.

---

[193] Kahle/Mödinger, IStR 2010, S. 757, 758; Förster, IStR 2007, S. 398, 399.
[194] Kahle/Mödinger, IStR 2010, S. 757, 758.
[195] Kahle/Mödinger, DB 2011, S. 2338, 2342.
[196] Der Begriff der Funktionsanalyse findet sich genau so bereits in § 1 Abs. 3 Satz 1 AStG für nahe stehende Personen.

a) Die Zuordnung von Funktionen und Risiken

Grundsätzlich hat jedes Unternehmen die Freiheit selbst zu entscheiden, welche Funktion von welcher Betriebsstätte ausgeübt wird.[197] Die Funktionsanalyse stellt nun aber darauf ab, welche Funktionen die Betriebsstätte innerhalb des Unternehmens tatsächlich übernommen hat. Als Maßstab dafür sind die Tätigkeiten des dort eingesetzten Personals entscheidend (sog. People Functions).[198] Es werden allerdings nur die Haupttätigkeiten, die auch einen Teil zum Erfolg des Gesamtunternehmens beitragen (sog. Significant Functions) und keine Routine-funktionen berücksichtigt.[199] Identifiziert werden müssen demzufolge die von der Betriebs-stätte durch ihre Mitarbeiter ausgeübten signifikanten Haupttätigkeiten (sog. Significant People Functions).[200]

Unter Umständen, kann eine Betriebsstätte allerdings auch ohne eigenes Personal auskom-men.[201] Dies wäre beispielsweise der Fall, wenn ein Versandhandel mit Sitz im Inland lediglich einem Internet-Server für den Onlineversandhandel im Ausland unterhält und dieser die Voraussetzungen des Art. 5 OECD-MA erfüllt (sog. Server-Betriebsstätte). In einem solchen Fall ist dennoch eine Funktionsanalyse durchzuführen, mit der Folge, dass das Unternehmen wohl ausschließlich im Ansässigkeitsstaat besteuert   werden kann.[202]

Sowohl im nationalen deutschen Steuerrecht, als auch auf Ebene der OECD existiert keine klare Definition des Begriffs „Funktion" im Zusammenhang mit Betriebsstätten. Auf nationa-ler Ebene wird man wohl auf die Grundsätze zur Funktionsverlagerung zurückgreifen können.[203] Gemäß § 1 Abs. 1 Satz 1 FVerlV ist eine Funktion „eine Geschäftstätigkeit, die aus einer Zusammenfassung gleichartiger betrieblicher Aufgaben besteht, die von bestimm-ten Stellen oder Abteilungen eines Unternehmens erledigt werden." Den Begriff „Stellen oder Abteilungen" wird man dabei durch „Betriebsstätten" ersetzen müssen. Die VWG-FV betonen in Tz. 2.1.1, dass diese „bestimmte Geschäftstätigkeit [...] von Personal" ausgeübt wird und schlagen damit eine Brücke zu den Significant People Functions der OECD. Zusammenfassend lässt sich eine „Funktion" im Zusammenhang mit der Einkünfteabgren-zung bei Betriebsstätten wohl wie folgt definieren: Bei einer Funktion handelt es sich um ein Bündel gleichartiger betrieblicher Aufgaben, die von Personen in einer Betriebsstätte des Unternehmens ausgeübt werden. Sie bildet dabei einen organischen Unternehmensteil, der

---

[197] W/A/D-*Ditz*, Rn. 4.6.
[198] Kosch, IStR 2010, S. 42, 42; Kessler/Jehl, IWB 2007, S. 833, 839.
[199] Kessler/Jehl, IWB 2007, S. 833, 839.
[200] Kahle/Mödinger, IStR 2010, S. 757, 759.
[201] Das eine Betriebsstätte auch ohne anwesendes Personal begründet werden kann, wenn dieses zur Ausübung der Geschäftstätigkeit nicht notwendigerweise benötigt wird, ist inzwischen die h.M.; vgl. z.B. BFH, Urteil v. 30.10.1996, BStBl. II 1997, S. 12; Watrin, IStR 2001, S. 425, 430.
[202] Vgl. Teil 1, Tz. 66 des OECD-Betriebsstättenberichts (Report on the attribution of profits to permanent establishments) v. 22.07.2010.
[203] So auch Kosch, IStR 2010, S. 42, 42.

abgrenzbar, selbständig und potenziell lebensfähig ist.[204] *Strunk/Kaminski* weisen dabei allerdings zu Recht darauf hin, dass es sich bei der Funktionsfindung „um einen dynamischen Prozess" handelt, so dass sich eine Funktion immer nur nach den Umständen des jeweiligen Einzelfalls abgrenzen lässt.[205]

Der § 1 Abs. 3 Satz 9 ff. AStG enthält spezielle Regelungen für die Besteuerung von Funktionsverlagerungen.[206] Diese gelten allerdings nur für nahestehende Personen und können deshalb bei einer Verlagerung von Funktionen von einer inländischen auf eine ausländische Betriebsstätte trotz uneingeschränkter Selbständigkeitsfiktion keine Anwendung finden.[207]

Sind den einzelnen Betriebsstätten die Significant People Functions zugeordnet, werden den Betriebsstätten im nächsten Schritt auch die mit den Funktionen zusammenhängenden Risiken zugewiesen.[208] Beispielsweise könnte einer ausländischen Betriebsstätte im ersten Schritt die Funktion „Vertrieb von Produkt A" zugewiesen worden sein. In diesem Fall könnten ihr im zweiten Schritt nun eventuell das „Absatzrisiko" (Bereits produzierte Produkte A liegen im Lager und finden keine Abnehmer), das „Untergangsrisiko" (Die im Lager liegenden Produkte A werden durch einen Brand zerstört) oder auch das „Forderungsausfallrisiko" (Produkte A werden verkauft, aber die Abnehmer werden insolvent und können den Kaufpreis nicht bezahlen) für das Produkt A zugeordnet werden.[209] Die Zuordnung muss ohne die zivilrechtlich eigentlich notwendigen Verträge erfolgen, da solche zwischen zwei Betriebsstätten nicht abgeschlossen werden können.[210] Entscheidend für die Zuordnung sind die tatsächlich in der Betriebsstätte ausgeübten aktiven Entscheidungen und die damit zusammenhängenden Risiken.[211] In der Praxis wird sich die Zuordnung von Risiken zu bestimmten Funktionen und damit zu einzelnen Betriebsstätten als sehr schwierig erweisen.[212] Nicht immer wird eine eindeutige Zuordnung gelingen. Warum eine solche Zuordnung von der OECD als notwendig erachtet wird, erscheint auch nicht ganz klar. Wie auch im Folgenden zu sehen sein wird, spielt eine Aufteilung von Risiken auf die einzelnen Betriebsstätten für die eigentliche Einkünfteabgrenzung keine Rolle.[213]

---

[204] Vgl. dazu die Definition des Begriffs „Funktion" im Zusammenhang mit der Funktionsverlagerung in Feldner, Funktionsverlagerung, S. 7.
[205] Strunk/Kaminski, IStR 2001, S. 161, 162.
[206] Dazu ausführlich Feldner, Funktionsverlagerung.
[207] So auch Blumers, DStR 2010, S. 17, 21; Kahle/Franke, IStR 2009, S. 406, 411; a.A. wohl W/A/D-*Ditz*, Rn. 4.3 ff.
[208] Kahle/Mödinger, IStR 2010, S. 757, 760; ablehnend D/W-Wassermeyer, Art. 7 OECD-MA, Rn. 13.
[209] Vgl. Kahle/Mödinger, IStR 2010, S. 757, 760.
[210] D/W-Wassermeyer, Art. 7 OECD-MA, Rn. 13; Kroppen, IStR 2005, S. 74, 74 hält deshalb sog. pro forma Verträge zwischen den beteiligten Betriebsstätten für geboten.
[211] Kosch, IStR 2010, S. 42, 43.
[212] So auch HK-*Niehaves*, Art. 7 OECD-MA, Rn. 177; W/A/D-*Andresen*, Rn. 2.50.
[213] So auch W/A/D-*Ditz*, Rn. 4.42.

b) Die Abgrenzung von Wirtschaftsgütern

aa) Die Zuordnung von Wirtschaftsgütern

Da es sich bei einer Betriebsstätte immer um einen unselbständigen Unternehmensteil handelt, gehört ein Wirtschaftsgut zivilrechtlich gesehen auch immer nur dem Gesamtunternehmen. Für Zwecke der Einkünfteabgrenzung ist es aber unerlässlich, auch die Wirtschaftsgüter zwischen Stammhaus und Betriebsstätte aufzuteilen (sog. wirtschaftliches Eigentum).[214] Im Gegensatz zu Erträgen und Aufwendungen können Wirtschaftsgüter dabei einer Betriebsstätte nicht anteilig sondern nur ganz oder gar nicht zugeordnet werden.[215] Eine Ausnahme ist dabei für Forderungen zu machen, da diese, wie auch Verbindlichkeiten, direkt mit den Erträgen und Aufwendungen im Zusammenhang stehen. Sie sind im Zweifelsfall den an ihrer Entstehung beteiligten Betriebsstätten anteilig zuzuordnen.[216] Maßgeblich für die Zuordnung von Wirtschaftsgütern sind die den einzelnen Betriebsstätten zugeordneten Funktionen und welche Wirtschaftsgüter diesen Funktionen dienen.[217] Dadurch wird die eigentlich freie Entscheidungsmöglichkeit des Unternehmens, welche Betriebsstätte es mit welchen Wirtschaftsgütern ausstatten möchte, völlig ignoriert.[218]

Bei Wirtschaftsgütern, die nicht eindeutig nur einer Betriebsstätte zugeordnet werden können, tendierte die Finanzverwaltung bisher grundsätzlich zur zwingenden Zuordnung zum Stammhaus (sog. Zentralfunktion des Stammhauses).[219] Diese zwingende Zuordnung widerspricht der Rechtsprechung des BFH[220] und wird in der Literatur heftig kritisiert.[221]

Nach den überarbeiteten BS-VWG ist ein Wirtschaftsgut nun immer noch dann dem Stammhaus zwingend zuzuordnen, wenn es nicht ausschließlich oder zumindest überwiegend der Betriebsstätte dient.[222] Dies betrifft insbesondere Finanzmittel und Beteiligungen.[223] Ziel der Finanzverwaltung ist es, einen Missbrauch des Betriebsstättenprinzips zu verhindern.[224] Nach den neuen Grundsätzen der OECD sieht Art. 7 OECD-MA nun eine Zuordnung mithilfe des

---

[214] Kosch, IStR 2010, S. 42, 43; Frotscher, Internationales Steuerrecht, Rn. 287; zum Begriff des wirtschaftlichen Eigentums vgl. W/A/D-*Andresen*, Rn. 2.49.

[215] Tz. 2.4. BS-VWG; Haase, Internationales Steuerrecht, Rn. 645; a.A. Vogel/Lehner-*Hemmelrath*, Art. 7 OECD-MA, Rn. 115; W/A/D-*Andresen*, Rn. 2.44.

[216] So auch W/A/D-*Andresen*, Rn. 2.48, Rn. 2.96 und Rn. 2.107, der allerdings alle Wirtschaftgüter als anteilig zurechenbar betrachtet.

[217] So auch bereits BFH, Urteil v. 30.08.1995, BStBl. II 1996, S. 563, 565; Kahle/Mödinger, IStR 2010, S. 757, 760; W/A/D-*Andresen*, Rn. 2.37.

[218] So auch W/A/D-*Ditz*, Rn. 4.6.

[219] Tz. 2.4. BS-VWG; Frotscher, Internationales Steuerrecht, Rn. 283.

[220] Ausführlich zur Zuordnung von Wirtschaftsgütern BFH, Urteil v. 29.07.1992, BStBl. II 1993, S. 63.

[221] Kessler/Jehl, IWB 2007, S. 833, 842 ff.; W/A/D-*Ditz*, Rn. 4.6; Kumpf/Roth, DB 2000, S. 741, 746; Strunk/Kaminski, IStR 2001, S. 161, 163.

[222] Zur Kritik hieran vgl. Ditz/Schneider, DStR 2010, S. 81, 84.

[223] Tz. 2.4. BS-VWG.

[224] Haase, Internationales Steuerrecht, Rn. 645.

Fremdvergleichsgrundsatzes vor. Kann eine Zuordnung anhand der von der Betriebsstätte ausgeübten Funktionen nicht eindeutig erfolgen, ist mithin auf den Fremdvergleichsgrundsatz abzustellen.

Wird ein Wirtschaftsgut, das bisher dem inländischen Stammhaus zugeordnet war, nun aufgrund einer geänderten Funktionsanalyse zukünftig der ausländischen Betriebsstätte zugeordnet, so ist dies mit einer Überführung gleichzusetzen und führt zur Entstrickungsbesteuerung.[225]

bb) Die Überführung von Wirtschaftsgütern des Anlagevermögens

Bei der Überführung eines Wirtschaftsguts vom inländischen Stammhaus auf eine ausländische Betriebsstätte oder andersherum, führen die neuen Grundsätze zu einem fingierten Rechtsträgerwechsel, da Stammhaus und Betriebsstätte als eigenständige Unternehmen betrachtet werden. Aus diesem Grund kommt es zu einer Aufdeckung der stillen Reserven beim betreffenden Wirtschaftsgut, die in dem Staat, aus dem das Wirtschaftsgut überführt wird, auch besteuert werden dürfen.[226] Die deutsche Finanzverwaltung machte auch schon bisher von diesem Recht Gebrauch und besteuerte die stillen Reserven zum Zeitpunkt der Überführung eines Wirtschaftsguts aus Deutschland heraus, indem sie die Überführung als Entnahme fingierte (sog. Entstrickungsbesteuerung). Der BFH entwickelte dazu die sog. finale Entnahmetheorie und gestand der Bundesrepublik Deutschland ein Besteuerungsrecht in den Fällen zu, in denen die Überführung in einen Staat vorgenommen wird, mit dem ein DBA mit Freistellung der Betriebsstättenge-winne vorliegt; liegt kein DBA vor oder eines mit Anrechnung ist die Entstrickungsbesteuerung nicht zulässig.[227] Die absolut h.M. in der deutschen Literatur konnte dem nicht folgen und lehnte die finale Entnahmetheorie ab.[228] Grund hierfür ist, dass es einerseits bei der Überführung eines Wirtschaftsguts in eine ausländische Betriebsstätte sowohl an einer Entnahmehandlung, als auch an einem Entnahmewillen fehlt, so dass eine Entnahme dem Grundsatz nach hier nicht vorliegt und andererseits eine Vereinbarkeit mit der europäischen Niederlassungsfreiheit zumindest als problematisch angesehen wird.[229] Auch wurde angezweifelt, ob das deutsche Besteuerungsrecht mit der Überführung tatsächlich verloren geht.[230]

---

[225] Schaumburg, Internationales Steuerrecht, Rn. 18.42; siehe dazu ausführlich das folgende Kapitel.
[226] Art. 7, Tz. 21 OECD-MK.
[227] BFH, Urteil v. 16.07.1969, BStBl. II 1970, S. 175, 176; BFH, Urteil v. 30.05.1972, BStBl. II 1972, S. 760, 761.
[228] H/H/R-*Musil*, § 4 EStG, Rn. 170 m.w.N.
[229] Kaminski, IStR 2001, S. 129, 130.
[230] Musil, FR 2011, S. 545, 546.

Mit dem SEStEG wurde zum 01. Januar 2006 die Entstrickungsbesteuerung dann auch gesetzlich normiert. Bei natürlichen Personen und Personengesellschaften ist die Überführung eines Wirtschaftsguts in eine ausländische Betriebsstätte bei Vorliegen eines DBA mit Freistellung gemäß § 4 Abs. 1 Satz 3 EStG einer „Entnahme" und bei Kapitalgesellschaften gemäß § 12 Abs. 1 Satz 1 KStG einer „Veräußerung" gleichgestellt, da das Besteuerungsrecht auf den Betriebsstättenstaat übergeht.[231] Der Besteuerung unterliegt das Wirtschaftsgut dabei gemäß § 6 Abs. 1 Nr. 4 Satz 1 2. Alt. EStG mit dem gemeinen Wert.[232] Sofern das Wirtschaftsgut dem Anlagevermögen zuzurechnen ist und auf eine in der EU belegene Betriebsstätte überführt wird, hat das Unternehmen die Wahl zwischen der regulären Sofortbesteuerung oder ob es gemäß § 4g EStG, gegebenenfalls i.V.m. § 12 Abs. 1 Satz 1 2. HS KStG, einen Ausgleichsposten bildet und diesen über einen Zeitraum von maximal fünf Jahren gewinnerhöhend auflöst. Vor Einführung des § 4g EStG durch das SEStEG sah Tz. 2.6.1. BS-VWG a.F. noch eine Stundung über einen Zeitraum von maximal zehn Jahren vor.[233] Für die aufnehmende Betriebsstätte stellt die Überführung aus deutscher Sicht eine Einlage bzw. einen Erwerb dar, so dass das überführte Wirtschaftsgut mit dem gemeinen Wert zu bilanzieren ist.[234]

Mit Urteil vom 17.07.2008 hat der BFH die finale Entnahmetheorie wieder aufgegeben.[235] Begründet wurde dies damit, dass das Besteuerungsrecht Deutschlands aufgrund des Art. 13 Abs. 2 OECD-MA auch bei DBA mit Freistellung der Betriebsstättengewinne nicht verloren geht; die bei einer späteren Veräußerung aufgedeckten stillen Reserven mithin im tatsächlichen Realisationszeitpunkt besteuert werden können.[236] Auch wenn das Urteil sich nur auf den Zeitraum vor dem 01. Januar 2006 bezieht, stellt der BFH dennoch ausdrücklich klar, dass sich die finale Entnahmetheorie „entgegen der Auffassung des BMF nicht mit der von der OECD favorisierten Selbständigkeitsfiktion der Betriebsstätte nach dem ‚Functionally Separate Entity Approach' [...] begründen" lässt.[237]

Die deutsche Finanzverwaltung hat auf das Urteil mit einem sog. Nichtanwendungserlass reagiert.[238] Gleichzeitig hat auch der deutsche Gesetzgeber gehandelt und in Reaktion auf das Urteil mit dem Jahressteuergesetz 2010[239] ein Regelbeispiel für die Entstrickungsbesteuerung eingeführt. Gemäß § 4 Abs. 1 Satz 4 EStG bzw. § 12 Abs. 1 Satz 2 KStG ist der Tatbestand

---

[231] BT-Drucks. 16/270, S. 28; zum Betriebsstättenprinzip siehe S. 16 f.
[232] Der gemeine Wert entspricht dem Marktpreis (§ 9 Abs. 2 BewG); enthält mithin einen Gewinnaufschlag.
[233] H/H/R-*Musil*, § 4 EStG, Rn. 169.
[234] Frotscher, Internationales Steuerrecht, Rn. 298.
[235] BFH, Urteil v. 17.07.2008, BStBl. II 2009, S. 464; 469.
[236] BFH, Urteil v. 17.07.2008, BStBl. II 2009, S. 464; 469 f.
[237] BFH, Urteil v. 17.07.2008, BStBl. II 2009, S. 464; 470.
[238] Vgl. BMF-Schreiben vom 20.05.2009, BStBl. I 2009, S. 671.
[239] Jahressteuergesetz 2010 v. 08.12.2010, BGBl. I 2010, S. 1768.

des § 4 Abs. 1 Satz 3 EStG bzw. des § 12 Abs. 1 Satz 1 KStG nun insbesondere erfüllt, „wenn ein bisher einer inländischen Betriebsstätte des Steuerpflichtigen [bzw. einer Körperschaft, Personenvereinigung oder Vermögensmasse] zuzuordnendes Wirtschaftsgut einer ausländischen Betriebsstätte [dieser Körperschaft, Personenvereinigung oder Vermögensmasse] zuzuordnen ist."[240] Konsequenz dieses Regelbeispiels ist nun, dass eine Überführung von Wirtschaftsgütern in eine ausländische Betriebsstätte immer zu einer Entnahme- bzw. Veräußerungsfiktion führt. Dies auch dann, wenn mit dem Betriebsstättenstaat gar kein DBA abgeschlossen wurde und das Wirtschaftsgut aufgrund des Welteinkommensprinzip überhaupt nicht von der deutschen Besteuerung ausgeschlossen ist.[241] Die ursprüngliche Intention der Finanzverwaltung war eigentlich nur die Überführung in eine auslän-dische Betriebsstätte bei Vorliegen eines DBA mit Freistellungsmethode zu erfassen.[242] Im Ergebnis kommt es auch bei Bestehen eines DBA immer dann zu einer Doppelbesteuerung, wenn der Staat, in dem die ausländische Betriebsstätte liegt, die deutsche Entstrickungsbesteuerung nicht anerkennt und die ausländische Betriebsstätte das überführte Wirtschaftsgut folglich nur mit dem Buchwert bilanzieren darf.[243] In diesen Fällen kann sich das Unternehmen zukünftig auf den neuen Art. 7 Abs. 3 OECD-MA berufen, nach dem eine Anpassung vorgenommen oder eine Verständigung der beiden Vertragsstaaten herbeigeführt werden muss.[244]

Der vorläufig letzte Höhepunkt in der Entwicklung der deutschen Entstri-ckungsbesteuerung ist das Urteil des EuGH vom 29.11.2011.[245] In diesem beschäftigt sich der EuGH mit der niederländischen Entstrickungsbesteuerung und stellt klar, dass eine Entstrickungsbesteuerung, wie sie auch die deutsche ist, grundsätzlich die europäische Niederlassungsfreiheit gemäß Art. 49 AEUV beeinträchtigt, aber unter gewissen Umständen gerechtfertigt sein kann.[246] Eine Steuerfestsetzung zum Zeitpunkt der Überführung eines Wirtschaftsguts von einer inländischen auf eine ausländische Betriebsstätte hält der EuGH für gerechtfertigt.[247] Für unverhältnismäßig hält er dagegen die sofortige Einziehung der Steuer zum Zeitpunkt der Überführung.[248] Fraglich ist demzufolge, ob die Möglichkeit der Bildung eines Ausgleichspostens in der Form des deutschen § 4g EStG, der über einen längeren Zeitraum aufzulösen

---

[240] Die eckigen Klammern enthalten die Abweichungen des § 12 Abs. 1 Satz 2 KStG gegenüber dem § 4 Abs. 1 Satz 4 EStG, die inhaltlich aber keine Auswirkungen haben.
[241] Vgl. Wassermeyer, IStR 2011, S. 813, 815.
[242] Kahle/Franke, IStR 2009, S. 406, 407.
[243] Konrad, IStR 2003, S. 786, 787.
[244] Kahle/Mödinger, IStR 2010, S. 757, 762 f.
[245] EuGH, Urteil v. 29.11.2011, EuZW 2011, S. 951.
[246] EuGH, Urteil v. 29.11.2011, EuZW 2011, S. 951, Tz. 41 ff.
[247] EuGH, Urteil v. 29.11.2011, EuZW 2011, S. 951, Tz. 64.
[248] EuGH, Urteil v. 29.11.2011, EuZW 2011, S. 951, Tz. 85.

ist, verhältnismäßig ist. Grundsätzlich dürfte dies wohl zu bejahen sein,[249] so dass es nur um die Frage geht, wie lange der Zeitraum für die Auflösung bestimmt sein muss. Es ist bisher nicht geklärt, ob der jetzige Fünfjahreszeitraum, der vorherige Zehnjahreszeitraum oder vielleicht auch nur die restliche Nutzungsdauer aus Sicht des EuGH verhältnismäßig ist.[250] Grundsätzlich sollte der Fünfjahreszeitraum bereits ausreichen, so dass wohl von der Europarechtskonformität der deutschen Entstrickungsbesteuerung auszugehen sein sollte.[251] Die weitere Entwicklung „der langen Geschichte"[252] der Entstrickungsbesteuerung bleibt allerdings abzuwarten.

Bei der Überführung eines Wirtschaftsgutes von einer ausländischen Betriebsstätte in ein inländisches Stammhaus kommt es gemäß § 4 Abs. 1 Satz 8 2. HS EStG zu einer Einlage (sog. Steuerverstrickung), die gemäß § 6 Abs. 1 Nr. 5a EStG ebenfalls mit dem gemeinen Wert zu bewerten ist. Dies gilt allerdings nicht, wenn mit dem Betriebsstättenstaat kein DBA vereinbart worden ist oder das DBA lediglich eine Anrechnung der Betriebsstätten-gewinne vorsieht.[253]

cc) Die Überführung von Wirtschaftsgütern des Umlaufvermögens

Die Überführung von Wirtschaftsgütern des Umlaufvermögens, wie beispielsweise von Waren, die zum Verkauf durch die ausländische Betriebsstätte bestimmt sind oder Rohstoffe, die von der ausländischen Betriebsstätte für die Produktion genutzt werden sollen, unterliegen ebenfalls der Selbständigkeitsfiktion der Betriebsstätte. Auf sie sind demzufolge die Regelungen der Steuerentstrickung bzw. -verstrickung entsprechend anzuwenden.[254] Keine Anwendung findet dagegen § 4g EStG, so dass sie bei einer Überführung sofort zu versteuern sind.[255]

dd) Die Überlassung von immateriellen Wirtschaftsgütern

Ein großes Problem in der Praxis stellt die Zuordnung von immateriellen Wirtschaftsgütern dar. Nicht selten kommt es beispielsweise zu der Situation, dass ein inländisches Unterneh-

---

[249] So auch Wassermeyer, IStR 2011, S. 813, 814, der für die Dauer der Auflösung auf die verbleibende Nutzungsdauer des überführten Wirtschaftsguts abstellt; a.A. Schaumburg, Internationales Steuerrecht, Rn. 18.28; Kessler/Philipp, DStR 2011, S. 1888, 1889, die für eine uneingeschränkte Stundung in Form des § 6 Abs. 5 AStG plädieren.

[250] Mitschke, IStR 2012, S. 6, 8 f.; Brinkmann/Reiter, DB 2012, S. 16, 19.

[251] So auch Musil, FR 2011, S. 545, 548 f.; Mitschke, IStR 2012, S. 6, 9; a.A. Tipke/Lang-*Hey*, § 17 Rn. 239; Körner, IStR 2012, S. 1, 5.

[252] Hänselmann, SteuK 2010, S. 507, 507.

[253] Tz. 2.6.2. BS-VWG.

[254] Schaumburg, Internationales Steuerrecht, Rn. 18.54 f.

[255] H/H/R-*Kolbe*, § 4g EStG, Rn. 16.

men ein Patent besitzt, das von einer ausländischen Produktionsbetriebsstätte genutzt wird. In den meisten Fällen wird dieses Patent wahrscheinlich auch noch von mehreren Produktionsbetriebsstätten genutzt, so dass eine eindeutige Zuordnung in den wenigsten Fällen gelingen wird.

Die OECD sah dies bisher genauso und schloss eine eindeutige Zuordnung von immateriellen Wirtschaftsgütern aus. Stattdessen sollte den einzelnen Unternehmensteilen ein Anteil an den Aufwendungen für Forschung und Entwicklung, Erwerb und Aufrechterhaltung zugeordnet werden.[256] Mit der Einführung der neuen Grundsätze hat sich diese Sichtweise geändert. In Zukunft soll ebenso wie bei materiellen Wirtschaftsgütern eine Zuordnung der immateriellen Wirtschaftsgüter zu einer Betriebsstätte erfolgen. Maßgeblich sollen auch hier die jeweils zugeordneten Funktionen sein.

Für die deutsche Finanzverwaltung war auch hier ursprünglich die Zentralfunktion des Stammhauses maßgeblich.[257] Immaterielle Wirtschaftsgüter wurden demzufolge immer dem Stammhaus zugeordnet, sofern sie nicht vollständig oder fast ausschließlich durch eine Betriebsstätte genutzt wurden. Inzwischen gelten für selbst geschaffene immaterielle Wirtschaftsgüter die selben Regelungen wir für materielle Wirtschaftsgüter.[258] Demzufolge greift bei einer Überführung in eine ausländische Betriebsstätte ebenfalls die deutsche Entstrickungsbesteuerung.[259] Eine Überführung liegt nach Ansicht der deutschen Finanzverwaltung „vor, soweit es zur Nutzung oder Verwertung durch die Betriebsstätte bestimmt ist."[260] Die vorübergehende Nutzungsüberlassung soll also bereits ausreichen können, um die deutsche Entstrickungsbesteuerung auszulösen.[261] Wie die Entstrickungsbesteuerung im oben beschriebenen Fall, dass mehrere Betriebsstätten ein immaterielles Wirtschaftsgut nutzen, angewandt und in welche Betriebsstätte das immaterielle Wirtschaftsgut überführt werden soll, ist nicht ersichtlich.[262] Eine Anwendung der §§ 4 Abs. 1 Satz 3 und 4 EStG, 12 Abs. 1 KStG in ihrer jetzigen Form bei einer reinen Nutzungsüberlassung widerspricht dem eigentlichen Tatbestand und ist nicht möglich.[263]

Aufgrund der Selbständigkeitsfiktion der Betriebsstätte sind nach Ansicht der OECD zukünftig für befristete Nutzungsüberlassungen von Wirtschaftsgütern nach dem Fremdvergleichsgrundsatz fiktive Miet- bzw. Lizenzzahlungen zu berücksichtigen.[264] Es bleibt zu hoffen, dass

---

[256] Art. 7 Tz. 34 OECD-MK a.F.
[257] Tz. 2.4. BS-VWG.
[258] Tz. 2.6.1. lit. c) BS-VWG.
[259] Siehe dazu ausführlich S. 31 ff.
[260] Tz. 2.6.1. lit. c) BS-VWG.
[261] H/H/R-*Musil*, § 4 EStG Rn. 217; Kosch, IStR 2010, S. 42, 45.
[262] So auch Kahle/Mödinger, DB 2011, S. 2338, 2341.
[263] So auch Kosch, IStR 2010, S. 42, 45; a.A. Schaumburg, Internationales Steuerrecht, Rn. 18.33.
[264] Konrad, IStR 2003, S. 786, 788.

die deutsche Finanzverwaltung diesem Weg folgt. Eine Berücksichtigung von fiktiven Miet- bzw. Lizenzzahlungen nach dem Fremdvergleichsgrundsatz ist auch jetzt schon nach nationalem Recht möglich.[265]

c) Das Erbringen von Dienstleistungen

In der Praxis kommt es relativ häufig vor, dass bestimmte Dienstleistungen zentral von einem Unternehmensteil für das gesamte Unternehmen erbracht werden. Beispiele hierfür sind die Buchhaltung, der IT-Support oder auch die Forschung und Entwicklung. Bisher wurde in diesen Fällen lediglich eine Aufteilung der angefallenen Aufwendungen auf alle Unternehmensteile vorgenommen.[266] Ein Gewinnaufschlag war nur in absoluten Ausnahmefällen gestattet; insbesondere, wenn die Dienstleistung die Haupttätigkeit der Betriebsstätte darstellt.[267] In der Praxis erfolgte die Abgrenzung der Aufwendungen meist mit Hilfe der indirekten Methode.

Nach den neuen OECD-Grundsätzen wird aufgrund der uneingeschränkten Selbständigkeitsfiktion zukünftig nicht mehr zwischen allgemeinen Verwaltungstätigkeiten und speziellen Haupttätigkeiten entschieden, so dass wie bei verbundenen Unternehmen, wenn kein eindeutiger Fremdvergleichspreis für vergleichbare Dienstleistungen feststellbar ist, nur noch die Kostenaufschlagsmethode zur Anwendung kommt.[268] Mithin wird der Gewinnaufschlag vom Ausnahmetatbestand zum Regelfall werden; wobei die deutsche Finanzverwaltung einen Gewinnaufschlag in Höhe von fünf bis zehn Prozent als angemessen ansieht.[269]

Aufwendungen für Werbung, die von einem unabhängigen Unternehmen durchgeführt wird, sind der Betriebsstätte zuzuordnen, der diese Werbung dient. Sind dies mehrere, so sind die Aufwendungen entsprechend aufzuteilen. Wird die Werbung dagegen nur von einer anderen Betriebsstätte durchgeführt, kommt auch hier die Kostenaufschlagsmethode zur Anwendung.[270]

Spannend bleibt, wie die deutsche Finanzverwaltung hier reagieren wird. Nach den neuen Grundsätzen wird die bisher meist angewandte indirekte Methode nicht mehr zulässig sein. Das deutsche Steuerrecht kennt für das Erbringen von Dienstleistungen innerhalb eines

---

[265] Kosch, IStR 2010, S. 42, 45; a.A. wohl D/W-*Wassermeyer*, Art. 7 OECD-MA, Rn. 278.
[266] Schaumburg, Internationales Steuerrecht, Rn. 18.45; Jacobs, Internationale Unternehmensbesteuerung, S. 707.
[267] Tz. 3.1.2. BS-VWG; Art. 7, Tz. 36 OECD-MK a.F.
[268] Kahle/Mödinger, DB 2011, S. 2338, 2343; Konrad, IStR 2003, S. 786, 788.
[269] Tz. 3.1.2. BS-VWG.
[270] Tz. 3.2.1. BS-VWG.

Unternehmens allerdings keinen Besteuerungstatbestand.[271] Auch die Entstrickungsbesteuerung kann hier keine Anwendung finden.

d) Die Überlassung von Finanzmitteln

Grundsätzlich gehört es zur freien Entscheidung eines Unternehmens, ob es seine Betriebsstätte mit Eigenkapital oder mit Fremdkapital finanziert.[272] Beispielsweise könnte das inländische Stammhaus eines Unternehmens ein externes Darlehen bei einer Bank aufnehmen und mit dem Geld die ausländische Betriebsstätte ausstatten. Das Darlehen würde für die Betriebsstätte Dotationskapital darstellen, während das Stammhaus die Zinsen für das Darlehen als Aufwand vom Gewinn abziehen kann. Alternativ könnte das Stammhaus der Betriebsstätte auch eigenes Eigenkapital in Form eines Darlehens zur Verfügung stellen. Das Kapital würde folglich bei der Betriebsstätte Fremdkapital darstellen und es müssten Zinsen an das Stammhaus gezahlt werden. Die Gefahr der Gewinnverlagerung und des Ausnutzens des Betriebsstättenprinzips ist mithin ziemlich groß.

Aus diesem Grund ist aus Sicht der Finanzverwaltung auch hier bei der Abgrenzung der Fremdvergleichsgrundsatz zu beachten und im Zweifel der Unternehmensentscheidung vorzuziehen.[273] Die Selbständigkeitsfiktion der Betriebsstätte verlangt es, dass ihr neben dem Unternehmensvermögen auch ein entsprechender Anteil am Eigen- und Fremdkapital des Unternehmens zugewiesen wird.[274] Den Maßstab für die Abgrenzung bilden auch hier die den einzelnen Betriebsstätten zugewiesenen Funktionen. Eine Betriebsstätte braucht Kapital, um eine Funktion ausüben zu können.[275] Wie hoch das benötigte Kapital ist, hängt von der auszuübenden Funktion ab, denn jede Funktion ist unterschiedlich kapitalintensiv. Um das für eine Funktion benötigte Eigenkapital der Betriebsstätte (sog. Dotationskapital) zu bestimmen, müssen zuerst die der Funktion zugeordneten Wirtschaftsgüter bewertet werden; und zwar entweder mit dem Buchwert, dem Marktwert oder dem ursprünglichen Kaufpreis. Die OECD legt sich auf keine Methode fest, sondern verlangt nur eine einheitliche Anwendung im gesamten Unternehmen.[276]

Weiterhin schlägt die OECD in ihrem Betriebsstättenbericht 2010 für die darauf folgende Bestimmung des Dotationskapitals vier Methoden vor: Die Kapitalaufteilungsmethode, die Kapitalzuordnungsmethode, die Fremdvergleichsmethode und die Quasi-Fremdvergleichs-

---

[271] D/W-*Wassermeyer*, Art. 7 OECD-MA, Rn. 287.
[272] BFH, Urteil v. 29.07.1992, BStBl. II 1993, S. 63, 65 ff.; W/A/D-*Andresen*, Rn. 2.116.
[273] Tz. 2.5.1. BS-VWG; Kumpf/Roth, DB 2000, S. 787, 787.
[274] Haase, Internationales Steuerrecht, Rn. 647; Schaumburg, Internationales Steuerrecht, Rn. 18.38.
[275] Kahle/Mödinger, DB 2011, S. 2338, 2343.
[276] Konrad, IStR 2003, S. 786, 789.

methode.[277] Die dabei am häufigsten verwendeten Methoden werden in Zukunft wohl die Kapitalaufteilungs- und die Fremdvergleichsmethode sein.[278] Sobald Ansässigkeits- und Betriebsstättenstaat unterschiedliche Methoden anwenden, steigt dadurch die Gefahr der Doppelbesteuerung. Aus diesem Grund ist gemäß Art. 7 Abs. 3 OECD-MA die einvernehmliche Lösung beider Vertragsstaaten vonnöten; notfalls über ein Verständigungsverfahren i.S.d. Art. 25 Abs. 1 OECD-MA oder ein Schiedsverfahren i.S.d. Art. 25 Abs. 5 OECD-MA.[279]

Da die deutsche Finanzverwaltung der Fremdvergleichsmethode folgt, soll das Dotationskapital der Höhe nach dem Entsprechen, was einem vergleichbaren unabhängigen Unternehmen als Eigenkapital zur Verfügung steht. Ist die Eigenkapitalquote bei vergleichbaren Unternehmen höher als bei der Betriebsstätte, ist das Fremdkapital der Betriebsstätte solange in Eigenkapital umzuqualifizieren, bis es dem Fremdvergleich standhält. Sind für das Fremdkapital unterschiedliche Zinssätze vereinbart worden, wird grundsätzlich nach der zeitlichen Reihenfolge, in der die Verbindlichkeiten aufgenommen worden sind, umqualifiziert. Liegen bei der Betriebsstätte im Einzelfall betriebsspezifische Besonderheiten vor, sind diese bei der Ermittlung des angemessenen Dotationskapitals zu berücksichtigen. In den Fällen, in denen ein Fremdvergleich mit unabhängigen Unternehmen nicht möglich ist, ist die Abgrenzung des Eigenkapitals mithilfe von realistischen Schätzungen vorzunehmen (sog. interner Fremdvergleich).[280]

Nicht eindeutig geklärt ist, wie das Kapital zu behandeln ist, das von einer Betriebsstätte einer anderen zur Verfügung gestellt wird und dort nicht in Dotationskapital umqualifiziert wird. Wenn man die Selbständigkeit der Betriebsstätte für die Zwecke der Besteuerung fingiert, ist entgegen der h.M. das Kapital als Darlehen zu behandeln, für das die gebende Betriebsstätte auch Zinsen verlangen kann.[281] Die Zinsaufwendungen des Unternehmens, für Darlehen von fremden Dritten, sind derjenigen Betriebsstätte zuzuordnen, der das Darlehen wirtschaftlich dient. Ist eine direkte Zuordnung nicht möglich, muss sich die Aufteilung der Zinsaufwendungen an der Aufteilung des Eigenkapitals orientieren.[282] Für Dotationskapital können dagegen auf keinen Fall fiktive Zinsen verlangt werden.[283]

---

[277] Vgl. Kahle/Mödinger, DB 2011, S. 2338, 2343.
[278] Die Niederlande hat sich beispielsweise bereits auf die Kapitalaufteilungsmethode festgelegt, Spierts/Sparidis, IStR-LB 2011, S. 35, 35; Deutschland folgt (bisher) der Fremdvergleichsmethode, vgl. Tz. 2.5.1. BS-VWG.
[279] Vgl. Kahle/Mödinger, IStR 2011, S. 821, 824 ff.
[280] Tz. 2.5.1. BS-VWG; Kumpf/Roth, DB 2000, S. 787, 787.
[281] A.A. BFH, Urteil v. 27.07.1965, BStBl. III 1966, S. 24, 4. Absatz unter III.; D/W-*Wassermeyer*, Art. 7 OECD-MA, Rn. 278 m.w.N.
[282] Tz. 3.3. BS-VWG.
[283] Art. 7, Tz. 41 f. OECD-MK; BFH, Urteil v. 27.07.1965, BStBl. III 1966, S. 24, 27.

Eine deutlich einfachere Methode ist die unter anderem in den USA angewandte[284] sog. Kapitalspiegeltheorie. Nach ihr werden sowohl das Eigen- und das Fremdkapital, als auch die Zinsaufwendungen des Unternehmens einfach im selben Verhältnis, wie das zuvor abgegrenzte Aktivvermögen, zwischen den Betriebsstätten aufgeteilt.[285] Während die Finanzverwaltung sie zumindest für den Fall gestattet, in dem Betriebsstätte und Stammhaus die gleichen Funktionen ausüben,[286] lehnt der BFH sie mit Verweis auf die vorrangig anzuwendende direkte Methode ab.[287]

Bei einer ausländischen Betriebsstätte in einem Nicht-Euro-Staat kann es bezüglich des dort eingesetzten Dotationskapitals zu Währungsverlusten bzw. -gewinnen aufgrund der ständigen Wechselkursänderungen kommen. Solche Währungsschwankungen sind nur bei der Betriebsstätte und nicht im inländischen Stammhaus zu berücksichtigen.[288] Da im Betriebsstättenstaat aber keine Umrechnung der Betriebsstätteneinkünfte in Euro erfolgt, treten die Währungsdifferenzen dort auch nicht auf.[289] Die Folge ist eine Nichtberücksichtigung der Differenzen in allen Fällen, in denen ein DBA vorliegt.[290] Aus diesem Grund hat das FG Hamburg dem EuGH die Frage gestellt, ob eine Nichtberücksichtigung gegen die Niederlassungsfreiheit i.S.d. Art. 49 AEUV i.V.m. Art. 54 AEUV verstößt.[291] Der EuGH hat diese Frage in seinem dazu ergangenen Urteil vom 28.02.2008 bejaht.[292] Demzufolge müssen die Währungsverluste beim Dotationskapital einer ausländischen, aber in der EU bzw. EWR belegenden Betriebsstätte, entgegen der Freistellung durch das DBA beim Stammhaus im Inland berücksichtigt werden.[293]

Für ihre Geschäfte nutzen Banken aus haftungs- und aufsichtsrechtlichen Gründen im Ausland hauptsächlich Betriebsstätten.[294] Aus diesem Grund und weil für Kreditinstitute und Versicherungen besondere Eigenkapitalvorschriften gelten, sind für Betriebsstätten solcher Unternehmen einige Besonderheiten zu beachten.[295]

---

[284] V/L-*Hemmelrath*, Art. 7 OECD-MA, Rn. 116.
[285] V/L-*Hemmelrath*, Art. 7 OECD-MA, Rn. 116; W/A/D-*Andresen*, Rn. 2.122.
[286] Tz. 2.5.1. BS-VWG.
[287] BFH, Urteil v. 25.06.1986, BStBl. II 1986, S. 785, 786; ebenso W/A/D-*Andresen*, Rn. 2.122; differenziert D/W-*Wassermeyer*, Art. 7 OECD-MA, Rn. 292.
[288] BFH, Urteil v. 16.02.1996, BStBl. II 1997, S. 128, 130; Leitsatz des BFH, Urteil v. 16.02.1996, BStBl. II 1996, S. 588.
[289] Weitbrecht, IStR 2006, S. 548, 549.
[290] BFH, Urteil v. 16.02.1996, BStBl. II 1997, S. 128, 131 f.
[291] FG Hamburg, Beschluss v. 08.06.2006, IStR 2007, S. 34.
[292] EuGH, Urteil v. 28.02.2008, EuZW 2008, S. 274.
[293] Frotscher, Internationales Steuerrecht, Rn. 303.
[294] Weitbrecht, IStR 2006, S. 548, 548.
[295] Zu den Sonderregelungen für Kreditinstitute siehe VWG-DotKap und für Versicherungen Tz. 4.2.2. bis 4.2.4. BS-VWG.

e) Das Identifizieren der Innentransaktionen

Die Umsätze, die das Unternehmen durch Geschäfte mit anderen Unternehmen erzielt (sog. Außentransaktionen), werden derjenigen Betriebsstätte zugerechnet, die diese Umsätze auch realisiert hat.[296] Entscheidend ist hierbei nicht, aus welcher Betriebsstätte heraus der Vertrag unterzeichnet wurde, sondern wer welche Rolle bei der Vertragsabwicklung ausfüllt.[297] Sind an den Umsätzen verbundene Unternehmen beteiligt, ist streng auf die Einhaltung der Verrechnungspreisgrundsätze zu achten.[298] Die Erträge und Aufwendungen des Unternehmens, die mit Außentransaktionen im Zusammenhang stehen, sind entsprechend der Umsätze ebenfalls auf die einzelnen Betriebsstätten aufzuteilen.[299]

Darüber hinaus ist vom Unternehmen, auf der Grundlage der zuvor erfolgten Zuordnung von Funktionen, Risiken, Wirtschaftsgütern und Kapital, zu prüfen, ob es Leistungsbeziehungen zwischen zwei Betriebsstätten gegeben hat, denen „ein reales und identifizierbares Ergebnis zu Grunde liegt" (sog. Innentransaktionen oder dealings).[300] Hierzu zählen die bereits vorstehend näher erläuterten Überführungen eines Wirtschaftsguts, die vorübergehenden Nutzungsüberlassungen von Wirtschaftsgütern und das Erbringen von unternehmensinternen Dienstleistungen.[301] Nach der bisher in Deutschland angewandten eingeschränkten Selbständigkeitsfiktion, spielten diese reinen Innentransaktionen für die Besteuerung grundsätzlich keine Rolle.[302] Aufgrund der nun geltenden uneingeschränkten Selbständigkeitsfiktion, sind sie dagegen in einem weiteren Schritt zu bewerten. Die mit ihnen im Zusammenhang stehenden Aufwendungen und Erträge, sind spiegelbildlich den mit Außentransaktionen im Zusammenhang stehenden Aufwendungen und Erträgen nach dem Veranlassungsprinzip auf die einzelnen Betriebsstätten aufzuteilen. Da es sich dabei um eine reine Fiktion handelt, sind innerhalb eines Unternehmens für Innentransaktionen keine tatsächlichen Zahlungsvorgänge notwendig.[303]

Alle übrigen Aufwendungen, wie beispielsweise Finanzierungs- oder allgemeine Verwaltungskosten, werden ebenfalls anteilig zwischen den Betriebsstätten aufgeteilt. Den Maßstab dafür bildet grundsätzlich die interne Kosten- und Leistungsrechnung, wobei in Ausnahmefällen auch ein pauschales Aufteilen möglich ist.[304]

---

[296] Jacobs, Internationale Unternehmensbesteuerung, S. 669.
[297] V/L-*Hemmelrath*, Art. 7 OECD-MA, Rn. 113.
[298] Haase, Internationales Steuerrecht, Rn. 648a; HK-*Niehaves*, Art. 7 OECD-MA, Rn.167.
[299] Jacobs, Internationale Unternehmensbesteuerung, S. 669; HK-*Niehaves*, Art. 7 OECD-MA, Rn. 167; so bereits auch der alte Art. 7 OECD-MA 2008.
[300] Förster, IStR 2007, S. 389, 400; ablehnend Ditz/Schneider, DStR 2010, S. 81, 84.
[301] Rometzki, Betriebsstättengewinnabgrenzung, S. 14 f.
[302] Kritisch dazu Kumpf/Roth, DB 2000, S. 741, 744.
[303] D/J/P/W-*Rupp*, Anhang IntGA, Rn. 1282a.
[304] Tz. 2.7. BS-VWG.

2. Die Bewertung der identifizierten Innentransaktionen

Nach erfolgreicher Funktionsanalyse müssen als zweites die identifizierten Innentransaktionen mit Hilfe der Verrechnungspreismethoden nach dem Fremdvergleichsgrundsatz bewertet werden.[305] Dazu werden die Innentransaktionen vor der eigentlichen Bewertung einem Vergleich mit vergleichbaren Außentransaktionen zwischen verbundenen Unternehmen unterzogen und bei Abweichungen entsprechend angepasst (sog. Vergleichsanalyse).[306] Die eigentliche Bewertung wird dann wohl nach den gleichen Methoden, wie die Bewertung von Geschäftsbeziehungen zwischen zwei verbundenen Unternehmen, zu erfolgen haben. Die OECD sieht für die Bewertung in erster Linie die Standardmethoden als geeignet an. Das sind entweder die Preisvergleichs-, die Kostenaufschlags- und die Wiederverkaufspreismethode, wobei die Preisvergleichsmethode die vorrangig anzuwendende ist.[307] In den Fällen, in denen ein Preisvergleich misslingt, ist eine der anderen beiden Methoden anzuwenden.[308] Die deutsche Finanzverwaltung stellt bei der Auswahl der geeignetsten Methode auf den sog. ordentlichen Geschäfts-leiter ab.[309]

Bei Anwendung der **Preisvergleichsmethode** wird derjenige Preis gewählt, der bei einem vergleichbaren Rechtsgeschäft von zwei unabhängigen Dritten gezahlt worden wäre. Sie wird deshalb auch Marktpreismethode genannt.[310] Sind keine vergleichbaren Marktpreise bekannt, wird im Rahmen der **Wiederverkaufspreismethode** der Preis gewählt, den das Unternehmen von einem unabhängigen Dritten auf dem freien Markt verlangen würde, abzüglich eines marktüblichen Abschlags.[311] Sie wird wohl am ehesten bei der Überführung von Wirtschaftsgütern des Umlaufvermögens an eine   Vertriebsbetriebsstätte zum Einsatz kommen. Bei der **Kostenaufschlags-methode** wird von den Kosten der leistenden Betriebsstätte ausgegangen und aus diesen, zuzüglich eines angemessenen Gewinnaufschlags, der hypothetische Fremdvergleichspreis gebildet. Sie ist die am häufigsten in der Praxis ausgewählte Methode.[312]

Sofern diese Methoden im konkreten Einzelfall nicht anwendbar sind bzw. nicht zu einem verlässlichen Ergebnis führen, ist nach Auffassung der OECD auch die Anwendung der Nettomargenmethode oder die Gewinnvergleichsmethode zulässig.[313] Bei der **Nettomargen-methode** wird der Preis auf Grundlage vergleichbarer Nettomargen bei unabhängigen Dritten

---

[305] Haase, Internationales Steuerrecht, Rn. 648a.
[306] HK-*Niehaves*, Art. 7 OECD-MA, Rn. 169.
[307] M/S/R, Verrechnungspreise, S. 113.
[308] V/B/E-*Vögele/Raab*, S. 350, Rn. 386.
[309] Vgl. V/B/E-*Vögele/Raab*, S. 350, Rn. 388.
[310] Vgl. M/S/R, Verrechnungspreise, S. 116 ff.; V/B/E-*Vögele/Raab*, S. 240 ff.
[311] Vgl. M/S/R, Verrechnungspreise, S. 128 ff.; V/B/E-*Vögele/Raab/Diessner*, S. 269 ff.
[312] Vgl. M/S/R, Verrechnungspreise, S. 144 ff.; V/B/E-*Vögele/Raab*, S. 287 ff.
[313] M/S/R, Verrechnungspreise, S. 157; Schmidt/Pawlita, Einkunftsabgrenzung, S. 9 wollen gehört haben, dass die deutsche Finanzverwaltung, abweichend von der OECD, zur generellen Anwendung der Gewinnvergleichsmethode bei der Einkünfteabgrenzung bei Betriebsstätten tendiert.

ermittelt, wobei nicht nur eins, sondern mehrere Jahre in den Beobachtungszeitraum mit einbezogen werden sollten.[314] Im Gegensatz dazu, wird bei der **Gewinnvergleichsmethode** der bei einer Außentransaktion erzielte Gewinn oder Verlust ermittelt und anschließend wie zwischen zwei fremden Dritten, beispielsweise in einem Joint-Venture, unter allen an der Außentransaktion beteiligten Betriebsstätten aufgeteilt.[315]

IV. Die Folgen der „neuen" gegenüber den „alten" Grundsätzen

Die neuen Grundsätze der OECD für die Einkünfteabgrenzung bei ausländischen Betriebsstätten bringen insbesondere drei gravierende Änderungen mit sich. Die erste ist die bereits erwähnte Abschaffung der indirekten Methode. Aufgrund der nun anzuwendenden uneingeschränkten Selbständigkeitsfiktion bei Betriebsstätten ist dies nur konsequent und richtig. Allerdings führt die direkte Methode nicht in allen Fällen zu einem eindeutigen Ergebnis, so dass heute vielfach eine gemischte Methode angewandt wird.[316] Als Beispiel für dieses Problem sei hier nur das Erbringen von Dienstleistungen einer Betriebsstätte bei einer anderen genannt. Hier wird sich noch zeigen müssen, wie zukünftig auf die indirekte Methode verzichtet werden soll.

Weiterhin führt die uneingeschränkte Selbständigkeitsfiktion dazu, dass zukünftig für jede Betriebsstätte eine Funktionsanalyse durchzuführen ist. Insbesondere bei den sog. Vertreterbetriebsstätten wurde bisher oftmals nur die sog. Nullsummentheorie angewandt.[317] Dies ist nun nicht mehr möglich. Auch für die Vertreterbetriebsstätte gelten die neuen Grundsätze uneingeschränkt.[318]

Die wohl größte Neuerung betrifft die Innentransaktionen. Damit die nach den neuen Grundsätzen ermittelten und bewerteten Innentransaktionen auch von der deutschen Finanzverwaltung anerkannt werden, ist für den Steuerpflichtigen gemäß § 90 Abs. 3 AO eine umfangreiche und möglichst zeitnahe Dokumentation erforderlich.[319] Diese wird sich wohl nach den bisher für die Dokumentation für Verrechnungspreise bei verbundenen Unternehmen geltenden Standards richten.[320] Eine „ordnungsgemäße Betriebsstättenbuchführung" reicht gemäß Tz. 3.4.5.1 VWG-Verf. zur Erfüllung der „Aufzeichnungspflichten nach § 90 Abs. 3 AO nicht" aus. Die GAufzV gilt dabei gemäß § 7 GAufzV auch jetzt bereits für die Einkünfteab-

---

[314] Vgl. M/S/R, Verrechnungspreise, S. 163 ff.; V/B/E-*Vögele/Raab*, S. 322 ff.
[315] Vgl. M/S/R, Verrechnungspreise, S. 159 ff.; V/B/E-*Vögele/Raab*, S. 314 ff.
[316] HK-*Niehaves*, Art. 7 OECD-MA, Rn. 192; zur gemischten Methode siehe S. 25.
[317] Ausführlich dazu Niehaves, IStR 2011, S. 373, 373 ff.
[318] Vgl. Teil 1, Tz. 232 des OECD-Betriebsstättenberichts (Report on the attribution of profits to permanent establishments) v. 22.07.2010; zur Kritik hieran vgl. Niehaves, IStR 2011, S. 373, 377 f.
[319] So auch bereits nach Tz. 5. ff. BS-VWG.
[320] Jacobs, Internationale Unternehmensbesteuerung, S. 651.

grenzung bei ausländischen Betriebsstätten. Bei nicht rechtzeitig erfolgter Dokumentation drohen gemäß § 162 Abs. 4 AO Zuschläge von bis zu 1.000.000,00 Euro.

V. Verluste bei ausländischen Betriebsstätten

Aufgrund des Betriebsstättenprinzips steht das Besteuerungsrecht, an den im Rahmen der zuvor beschriebenen Einkünfteabgrenzung ermittelten Einkünften der ausländischen Betriebs-stätte, dem Betriebsstättenstaat zu.[321] Dies betrifft sowohl den Fall positiver Einkünfte (Gewinne), als auch den negativer Einkünfte (Verluste) der Betriebsstätte (sog. Symmetrie-these).[322] Aus der Sicht Deutschlands als Ansässigkeitsstaat ist dabei zwischen drei verschie-denen Fallkonstellationen zu unterscheiden.

Liegt die ausländische Betriebsstätte in einem Staat, mit dem die Bundesrepublik Deutschland kein DBA abgeschlossen hat, so unterliegen aufgrund des Welteinkommensprinzips auch die der ausländischen Betriebsstätte zugeordneten Einkünfte vollumfänglich der deutschen Besteuerung. Dies gilt unabhängig davon, ob und in welcher Höhe die Betriebsstätte im Betriebsstättenstaat bereits besteuert wurde. Eine Ausnahme gilt nur für passive Betriebsstät-ten i.S.d. § 2a Abs. 2 EStG, die in einem Nicht-EU-Staat bzw. Nicht-EWR-Staat, mit dem gemäß § 2a Abs. 2a Satz 2 EStG ein Amtshilfeabkommen abgeschlossen ist, liegen.[323] Für sie gilt gemäß § 2a Abs. 1 Satz 1 EStG ein Verlustverrechnungsverbot, so dass nur positive Einkünfte der deutschen Besteuerung unterliegen. Die negativen Einkünfte „dürfen nur mit positiven Einkünften der jeweils selben Art und [...] aus demselben Staat [...] ausgeglichen werden".[324] Auf land- und forstwirtschaftliche Betriebsstätten, die nicht in einem EU- bzw. EWR-Staat liegen, ist § 2a Abs. 2 EStG nicht anwendbar.

Liegt die ausländische Betriebsstätte in einem Staat, mit dem die Bundesrepublik Deutschland ein DBA mit der Anrechnungsmethode abgeschlossen hat, gilt ebenfalls das soeben gesagte. Mit der Ausnahme, dass die von der Betriebsstätte im Betriebsstättenstaat gezahlte Steuer auf die ihr zugeordneten Einkünfte, gemäß Art. 23B OECD-MA auf die deutsche Steuer ange-rechnet werden muss.

Anders ist der Fall dagegen zu beurteilen, wenn die ausländische Betriebsstätte in einem Staat liegt, mit dem die Bundesrepublik Deutschland ein DBA mit der Freistellungsmethode

---

[321] Zum Betriebsstättenprinzip siehe S. 16 f.

[322] EuGH, Urteil v. 15.05.2008, EuZW 2008, S. 402, Tz. 33; auch ständige Rechtsprechung des BFH, z.B. BFH, Urteil v. 03.02.2010, BStBl. II 2010, S. 599, 600.

[323] Der § 2a Abs. 2 EStG enthält eine sog. Aktivitäts- oder Produktivitätsklausel, nach der eine gewerbliche Betriebsstätte nicht unter § 2a Abs. 1 Satz 1 EStG fällt. Dies trifft grundsätzlich zu, wenn die Betriebsstätte Waren herstellt oder liefert, Bodenschätze gewinnt oder sonstige gewerbliche Leistungen zum Gegenstand hat. Vgl. dazu Blümich-*Wagner*, § 2a EStG, Rn. 110 ff.

[324] Wortlaut des § 2a Abs. 1 Satz 1 EStG.

abgeschlossen hat.[325] Grundsätzlich findet hier die Symmetriethese Anwendung. Das heißt, das Besteuerungsrecht an den der ausländischen Betriebsstätte zugerechneten Verlusten hat der Betriebsstättenstaat. Deutschland als Ansässigkeitsstaat berücksichtigt diese bei der Besteuerung des Stammhauses nicht, sondern nimmt alle der ausländischen Betriebsstätte zugerechneten Einkünfte von der Bemessungsgrundlage aus. Diese von der Besteuerung freigestellten Einkünfte unterliegen in Deutschland aber gemäß § 32b Abs. 1 Satz 1 Nr. 3 EStG grundsätzlich dem sog. Progressionsvorbehalt. Gewinne einer ausländischen Betriebsstätte führen demzufolge zu einer Steuersatzerhöhung (sog. positiver Progressionsvorbehalt) und Verluste zu einer Steuersatzsenkung (sog. negativer Progressionsvorbehalt). Allerdings gilt gemäß § 32b Abs. 1 Satz 2 Nr. 2 EStG i.V.m. § 2a Abs. 2 Satz 1 EStG auch hier die sog. Aktivitäts- oder Produktivitätsklausel für Betriebsstätten, die in einem EU- bzw. EWR-Staat belegen sind. Das heißt, dass bei einer ausländischen Betriebsstätte in einem EU- bzw. EWR-Staat der Progressionsvorbehalt nur angewendet werden kann, wenn diese auch die Voraussetzungen des § 2a Abs. 2 Satz 1 EStG erfüllt.[326] Für land- und forstwirtschaftliche Betriebsstätten, die in einem EU- bzw. EWR-Staat liegen, ist der Progressionsvorbehalt gemäß § 32b Abs. 1 Satz 2 Nr. 1 EStG generell ausgeschlossen. Der Progressionsvor-behalt kommt auch nur bei natürlichen Personen zur Anwendung, da der Steuersatz für Kapitalgesellschaften gemäß § 23 Abs. 1 KStG unabhängig von der Höhe der Einkünfte immer bei 15% liegt.

Eine Besonderheit stellen die sog. finalen Verluste einer Betriebsstätte, die in einem EU- bzw. EWR-Staat belegen ist, dar. Der EuGH hat mit Urteil vom 13.12.2005 entschieden, dass es gegen die Niederlassungsfreiheit verstößt, wenn die Verluste einer „gebietsfremde[n] Tochtergesellschaft die im Staat ihres Sitzes für den von dem Abzugsantrag erfassten Steuerzeitraum sowie frühere Steuerzeiträume vorgesehenen Möglichkeiten zur Berücksichtigung von Verlusten ausgeschöpft hat [...] und wenn keine Möglichkeit besteht, dass die Verluste der ausländischen Tochtergesellschaft im Staat ihres Sitzes für künftige Zeiträume von ihr selbst oder von einem Dritten [...] berücksichtigt werden" von der „gebietsansässigen Muttergesellschaft" nicht steuermindernd berücksichtigt werden können.[327] Mit Urteil vom 15.05.2008 hat der EuGH diesen Grundsatz auch für Fälle mit ausländischen Betriebsstätten angewandt.[328] Im Ergebnis muss der Ansässigkeitsstaat die Verluste einer ausländischen EU- bzw. EWR-Betriebsstätte beim Stammhaus steuermindernd berücksichtigen, wenn die Verluste im Betriebsstättenstaat „final" geworden sind.[329] Finale Verluste liegen nach Ansicht des BFH

---

[325] § 2a EStG findet keine Anwendung, Blümich-*Wagner*, § 2a EStG, Rn. 27.

[326] Schmidt/Heinz, IStR 2009, S. 43, 45.

[327] EuGH, Urteil v. 13.12.2005, EuZW 2006, S. 85, Tz. 59.

[328] EuGH, Urteil v. 15.05.2008, EuZW 2008, S. 402, Tz. 51.

[329] Rainer, EuZW 2008, S. 402, 405; BFH, Urteil v. 17.07.2008, BStBl. II 2009, S. 630, 631.

insbesondere „bei Umwandlung der Auslandsbetriebsstätte in eine Kapitalgesellschaft, ihrer entgeltlichen oder unentgeltlichen Übertragung oder ihrer endgültigen Aufgabe" vor.[330] Um einer Beliebigkeit und damit dem Missbrauch vorzubeugen, wird in der Literatur dagegen teilweise eine engere Auslegung des Begriffs der finalen Verluste gefordert, die „die Liquidation des inländischen Stammhauses [...] erfordert."[331] Dem entgegnet der BFH, dass bei einer Wiedereröffnung der Betriebsstätte wohl ein rückwirkendes Ereignis i.S.d. § 175 Abs. 1 Nr. 2 AO vorliegen würde.[332] Berücksichtigt werden müssen die finalen Verluste erst in dem Jahr, indem sie „tatsächlich ‚final' geworden sind".[333] Eine bloß zeitliche Beschränkung der Möglichkeit eines Verlustabzugs im Betriebsstättenstaat führt dagegen noch nicht zur Pflicht der Verlustberücksichtigung, da der Ansässigkeitsstaat nicht verpflichtet ist, ungünstigere Regelungen des Betriebsstättenstaats auszugleichen.[334] Jeder Staat kann über die Möglichkeit eines Verlustabzugs grundsätzlich selbst entscheiden.[335] Die finalen Verluste einer ausländischen Betriebsstätte, die nicht in einem EU- bzw. EWR-Staat liegt, müssen nicht berücksichtigt werden.[336]

---

[330] BFH, Urteil v. 09.06.2010, IStR 2010, S. 663, Tz. 18; dazu Schwenke, IStR 2011, S. 368, 369 ff.
[331] Benecke/Staats, IStR 2010, S. 663, 668 f.; Mitschke, IStR 2011, S. 768, 772 f.; ablehnend PwC/BDI, Verlustberücksichtigung, S. 16.
[332] BFH, Urteil v. 09.06.2010, IStR 2010, S. 663, Tz. 19; zustimmend FG Niedersachsen, Urteil v. 16.06.2011, IStR 2011, S. 768, 771.
[333] BFH, Urteil v. 09.06.2010, IStR 2010, S. 663, Tz. 21 m.w.N.; a.A. Wojciech, BB 2011, S. 607, 611.
[334] EuGH, Urteil v. 23.10.2008, IStR 2008, S. 769, Tz. 48 ff.; BFH, Urteil v. 09.06.2010, BStBl. II 2010, S. 1065, 1066 f.
[335] BFH, Urteil v. 09.06.2010, IStR 2010, S. 663, Tz. 17.
[336] EuGH, Beschluss v. 06.11.2007, IStR 2008, S. 107, Tz. 18.

E. Die Auswirkungen auf das deutsche Steuerrecht

Der neugefasste Art. 7 OECD-MA hat grundsätzlich keine unmittelbaren Auswirkungen auf das deutsche (internationale) Steuerrecht. Dies ist zum einen darin begründet, dass das OECD-MA nur eine Vorlage für neu abzuschließende DBA bildet und bereits bestehende DBA unberührt bleiben. Eine Änderung und entsprechende Anpassung aller bestehenden DBA würde wohl einige Jahre bis Jahrzehnte dauern.[337] Gleichwohl könnte der ebenfalls überarbeitete und an die Neufassung des OECD-MA angepasste OECD-MK zu einer veränderten Interpretation und Auslegung der bestehenden DBA führen. Die OECD geht in den Tz. 33 bis 36.1 der Einleitung des OECD-MK von einer rückwirkenden Anwendung der aktuellen Fassung des OECD-MK auch auf alle bereits bestehenden DBA aus (sog. dyna-mische Auslegung der DBA). Wie die große Mehrheit der OECD-Mitgliedsstaaten[338] folgt auch die deutsche Finanzverwaltung dieser dynamischen Auslegung und zieht zur Auslegung der DBA stets die aktuellste Fassung des OECD-MK heran.[339] Die h.M. lehnt dieses Vorgehen zu Recht ab.[340] Entscheidend bei der Auslegung eines DBA kann nur der zum Zeitpunkt des Abschlusses gültige OECD-MK sein, da auch nur dieser den Vertragsparteien bekannt war und in die Willensbildung mit eingeflossen sein kann.[341]

Einige Stimmen in der Literatur schlagen einen vermittelnden Ansatz vor, demzufolge das aktuelle OECD-MK immer dann zur Auslegung älterer DBA herangezogen werden soll, wenn es sich lediglich um Klarstellungen handelt.[342] Zumindest in den Fällen, in denen bisher Auslegungsspielräume existierten und es dadurch zu unterschiedlichen Interpretationen kam, kann das Heranziehen eines aktualisierten OECD-MK durchaus von Vorteil sein.[343] Dies könnte im Falle der Einkünfteabgrenzung bei ausländischen Betriebsstätten insbesondere die Frage nach der sog. Selbständigkeitsfiktion der Betriebsstätte betreffen, über dessen Reichweite in den bisherigen DBA Uneinigkeit herrscht.[344] Auch für bereits bestehende DBA, die eine noch dem Art. 7 OECD-MA 2008 nachgebildete Norm enthalten, ist mithin zukünftig der uneingeschränkten Selbständigkeitsfiktion der Vorzug zu geben. Allerdings darf nicht vergessen werden, dass das OECD-MK – in welcher Fassung auch immer – nur eine Ausle-

---

[337] Förster/Naumann/Rosenberg, IStR 2005, S. 617, 623; Lang, IStR 2007, S. 606, 606.
[338] Vgl. z.B. Spierts/Sparidis, IStR-LB 2011, S. 35, 35 für die Niederlande.
[339] Lang, IStR 2007, S. 606, 606; Schmidt, IStR 2001, S. 489, 496.
[340] HK-*Niehaves*, Art. 7 OECD-MA, Rn. 171; V/L-*Vogel*, Einleitung des OECD-MA, Rn. 127; Wassermeyer, IStR 2007, S. 413, 414; Lang, IStR 2001, S. 536, 538.
[341] So auch HK-*Niehaves*, Art. 7 OECD-MA, Rn. 171.
[342] Zu den Nachweisen dafür und zur Kritik daran vgl. Lang, IStR 2007, S. 606, 607.
[343] So auch HK-*Niehaves*, Art. 7 OECD-MA, Rn. 171; Lang, IStR 2001, S. 536, 538; so auch angewandt vom BFH im Urteil v. 08.04.1997, BStBl. II 1997, S. 679, 680.
[344] Siehe dazu S. 22 f.

gungshilfe für die DBA darstellt und die deutschen Finanzgerichte unabhängig davon entscheiden können.[345]

Weiterhin regelt ein DBA lediglich die Besteuerungsmöglichkeiten.[346] Ob auch ein tatsächli-
cher Besteuerungsanspruch besteht, bestimmt sich ausschließlich nach den nationalen
Regelungen. Das deutsche Steuerrecht kennt allerdings keine unbeschränkte Selbständigkeitsfiktion von Betriebsstätten und gibt demzufolge auch keine Möglichkeit der Besteuerungen
von Innentransaktionen zwischen zwei Betriebsstätten her.[347] Lediglich für die Überführung
von Wirtschaftsgütern vom Stammhaus auf eine ausländische Betriebsstätte kennt das
deutsche Steuerrecht bereits eine Besteuerungsgrundlage.[348] Für alle anderen Innentransaktionen, die nach den neuen Grundsätzen der OECD der Besteuerung unterliegen sollen, beispielsweise das Erbringen von Dienstleistungen innerhalb eines Unternehmens, kennt das
deutsche Steuerrecht keinen Besteuerungstatbestand. Auch das deutsche Handelsrecht erlaubt
gemäß § 252 Abs.1 Nr. 4 2. HS HGB einen Gewinnausweis nur, wenn dieser auch realisiert
wurde. Bei reinen Innentransaktionen findet dagegen keine Gewinnrealisierung statt.

Ein weiteres Problem stellt die Anwendung des Fremdvergleichsgrundsatzes dar. Die Bewertung der Innentransaktionen soll nach den Grundsätzen der OECD ausnahmslos dem Fremdvergleich standhalten und wenn nicht, entsprechend korrigiert werden. Im deutschen Steuerrecht ist der Fremdvergleichsgrundsatz in § 1 Abs. 1 AStG implementiert, der letztmalig im
Jahr 2007 überarbeitet wurde.[349] Seine Anwendung setzt gemäß § 1 Abs. 1   Satz 1 AStG die
Geschäftsbeziehung des Steuerpflichtigen „zum Ausland mit einer ihm nahe stehenden
Person" voraus. Da es sich bei Innentrans-aktionen zwischen zwei Betriebsstätten innerhalb
eines Unternehmens nicht um Geschäftsbeziehungen zwischen zwei „nahe stehenden Perso-
nen" handelt, ist der Fremdvergleichsgrundsatz in seiner jetzigen Regelung nicht auf diese
Innentransaktionen anwendbar.[350]

Auch wenn die Bundesrepublik Deutschland mit diesem Problem nicht alleine dasteht, wird
man nicht umhinkommen, die nationalen Gesetze den neuen Grundsätzen des Art. 7 OECD-
MA anzupassen. Da die neuen Regelungen vom Prinzip her eine Ergänzung des bereits
geregelten Fremdvergleichsgrundsatzes für miteinander verbundene Unternehmen darstellen,
spricht vieles dafür, dass sie ebenfalls im § 1 AStG verankert werden.[351] Ob dies nun über
einen neu einzufügenden Abs. 4, was aufgrund der Stellung des § 1 AStG als Zentralvor-

---

[345] Wassermeyer, IStR 2007, S. 413, 414; V/L-*Vogel*, Einleitung des OECD-MA, Rn. 124b.
[346] Förster/Naumann/Rosenberg, IStR 2005, S. 617, 622.
[347] H/K-*Niehaves*, Art. 7 OECD-MA, Rn. 181; W/A/D-*Wassermeyer*, Rn. 1.19.
[348] Siehe dazu S. 31 ff.
[349] Menninger/Wellens, DB 2012, S. 10, 10.
[350] So auch D/J/P/W-*Rupp*, Anhang IntGA, Rn. 71d.
[351] D/J/P/W-*Rupp*, Anhang IntGA, Rn. 1284.

schrift wahrscheinlich die systematisch zu bevorzugende Lösung wäre, oder doch über einen neuen § 1a AStG[352] geschieht, bleibt abzuwarten. Das BMF ist jedenfalls bereits an der Ausarbeitung der Regelungen.[353] Es wäre wünschenswert, wenn der deutsche Gesetzgeber die Chance nutzt und auch gleich die Regelungen des Fremdvergleichs für miteinander verbundene Unternehmen vollständig der Auffassung der OECD anpasst. Insbesondere ist zu beanstanden, dass sie nur für Auslandssachverhalte Anwendung finden. Eine vollumfängliche Anwendung des Fremdvergleichsgrundsatzes bei der Einkünfteermittlung, sowohl bei verbundenen Unternehmen, als auch bei Innentransaktionen im Einheitsunternehmen, unabhängig ob es sich um einen Auslands- oder reinen Inlandssachverhalt handelt, muss das Ziel sein.[354]

Aufgrund der dargelegten Komplexität der neuen Grundsätze zur Einkünfteabgrenzung ist davon auszugehen, dass neben der gesetzlichen Regelung auch eine Rechtsverordnung analog der FVerlV für Funktionsverlagerungen in Kraft treten und näheres regeln wird. Einer dringenden Überarbeitung und Anpassung bedürfen auch die BS-VWG.[355] Diese müssen zwingend an die neuen Grundsätze der OECD und die neu zu schaffenden nationalen Regelungen angepasst werden. Beispielsweise gehen die BS-VWG noch von der Anwendung der indirekten Methode aus, die nach den neuen Grundsätzen nicht mehr vorgesehen ist.

---

[352] Timm, PIStB 2009, S. 195.
[353] So Herr Müller-Gatermann auf der IFA-Jahrestagung 2011 in Essen.
[354] So wohl auch Förster/Naumann/Rosenberg, IStR 2005, S. 617, 623 f.
[355] Kahle/Mödinger, IStR 2011, S. 821, 828; Timm, PIStB 2009, S. 195.

F. Ausblick

Die OECD-Grundsätze für die Einkünfteabgrenzung bei der Besteuerung von ausländischen Betriebsstätten haben in den letzten Jahren erhebliche Veränderungen erfahren. Diese Veränderungen sind auch mit der Überarbeitung des Art. 7 OECD-MA noch nicht vollständig abgeschlossen. Am 12.10.2011 hat die OECD einen Diskussionsentwurf eines Berichts zur Betriebsstättendefinition veröffentlicht, der zu einer Überarbeitung des Art. 5 OECD-MK führen soll.[356] Kommentare konnten bis zum 10.02.2012 abgegeben werden, so dass in naher Zukunft mit einer endgültigen Verabschiedung des Berichts gerechnet werden kann. An der in Kapitel B. I. 2. dargestellten Definition der Betriebsstätte soll es allerdings keine gravierenden Änderungen geben. Vielmehr werden viele Zweifelsfragen aufgegriffen und entsprechende Ergänzungen für den OECD-MK vorgeschlagen.[357] Gleichwohl lässt sich aber auch hier der Trend der OECD zur Ausweitung des Begriffs der Betriebsstätte erkennen. Es bleibt spannend abzuwarten, wie die Bundesrepublik Deutschland zukünftig diesem Trend entgegen wirken oder ob sie ihm irgendwann nachgeben wird.

Die hier vorliegende Arbeit hat deutlich gemacht, dass die bereits von der OECD umgesetzte Überarbeitung des Art. 7 OECD-MA sehr weitreichende Folgen hat. Ob damit auch das Ziel der OECD, die Verhinderung der Doppelbesteuerung in Fällen mit ausländischen Betriebsstätten, erreicht wird, muss die Praxis erst noch zeigen. Eine sofortige Anwendung dieser neuen Grundsätze ist wie dargelegt nicht möglich. Der Gesetzgeber ist deshalb aufgefordert, die notwendigen Änderungen der nationalen Steuergesetze schnellst möglich umzusetzen. Da dies mit sehr weitreichenden Änderungen verbunden ist, sollte dennoch ein „Schnellschuss" mit vielen nachträglichen Änderungen in den kommenden Jahren vermieden werden. Stattdessen sollten die neu einzuführenden Regelungen in sich stimmig und schlüssig sein und keine Zweifelsfragen offen lassen.

Trotz dieser großen Herausforderung, hat sich die Bundesrepublik Deutschland zu den neuen Grundsätzen bekannt und beabsichtigt diese umzusetzen. Bereits aufgenommen wurden die neuen Grundsätze im Revisionsprotokoll zum DBA mit den USA[358] und im Protokoll zum DBA mit Mexiko vom 09.07.2008[359]. Im neuen DBA mit Liechtenstein vom 17.11.2011 ist nun auch erstmals der neue Art. 7 OECD-MA in einem deutschen DBA vereinbart worden.[360] Weitere werden erwartungsgemäß folgen. Allerdings sind die neuen OECD-Grundsätze

---

[356] Der Diskussionsentwurf kann abgerufen werden unter: http://www.oecd.org/dataoecd/23/7/48836726.pdf, zuletzt abgerufen am 13.02.2012.
[357] Für einen Überblick über den Diskussionsentwurf siehe Hoor, IStR 2012, S. 17 ff.
[358] Siehe Art. 16 des Revisionsprotokolls v. 01.06.2006, BGBl. II 2006, S. 1184.
[359] Siehe Nr. 3 des Protokolls, BGBl. II 2009, S. 746.
[360] Vgl. dazu Niehaves/Beil, IStR 2012, S. 209, 210 f.

bisher nicht in das UN-MA übernommen worden, so dass abzuwarten bleibt, ob auch die Entwicklungsstaaten den neuen Art. 7 OECD-MA in ihre DBA mit Deutschland übernehmen werden wollen.

Schlussendlich lässt sich noch ein sehr interessanter Blick auf die Entwicklungen im Konzernsteuerrecht werfen. Auf europäischer Ebene wird bereits seit einigen Jahren auf eine gemeinsame Bemessungsgrundlage für die Besteuerung von Kapitalgesellschaftskonzernen hingearbeitet. Am 16.03.2011 wurde dazu von der Europäischen Kommission ein Entwurf für eine entsprechende Richtlinie vorgelegt.[361] Während die neuen Grundsätze der OECD für die Einkünfteabgrenzung bei der Besteuerung von ausländischen Betriebsstätten sich an den Verrechnungspreisgrundsätzen für Kapitalgesellschaften orientieren, sieht der Entwurf der Europäischen Kommission für eine Gemeinsame konsolidierte Körperschaftsteuer-Bemessungsgrundlage nun eine Abkehr von den Verrechnungspreisgrundsätzen vor. Die Aufteilung des Konzernergebnisses auf die dazugehörigen Unternehmen soll anhand eines Schlüssels erfolgen und entspricht damit vom Grundsatz her der indirekten Methode, welche auf Ebene der Betriebsstätten nun gerade nicht mehr anwendbar sein soll.[362] Wie diese gegensätzlichen Entwicklungen zukünftig auf einen gemeinsamen Nenner gebracht werden sollen, bleibt abzuwarten. Sollte der Vorschlag der Europäischen Kommission allerdings in dieser Form umgesetzt werden, würde der von der OECD angestrebte Abbau der Unterschiede – zumindest in Europa – wieder in sein Gegenteil verkehrt.

---

[361] Vorschlag für eine Gemeinsame konsolidierte Körperschaftsteuer-Bemessungs-grundlage (GKKB), KOM (2011) 121/4, abzurufen unter:
http://ec.europa.eu/taxation_customs/resources/documents/taxation/company_tax/common_tax_base/com_2011_121_de.pdf, zuletzt abgerufen am 13.02.2012.

[362] Ausführlich zum Vorschlag für eine Gemeinsame konsolidierte Körperschaftsteuer-Bemessungsgrundlage siehe Förster/Krauß, IStR 2011, S. 607 ff. oder Brünning/Möser, BB 2011, S. 2647 ff.

Literaturverzeichnis

Bendlinger, Stefan/Görl, Maximilian/Paaßen, Karl-Heinz/Remberg, Meinhard: Neue Tendenzen der OECD zur Ausweitung des Betriebsstättenbegriffs und deren Beurteilung aus Sicht des Maschinen- und Anlagenbaus, in: IStR 2004, S. 145-149.

Bendlinger, Stefan/Remberg, Meinhard/Kuckhoff, Harald: Betriebsstättenbesteuerung im Großanlagenbau – Ein Unternehmen und steuerlich doch mehrere? –, in: IStR 2002, S. 40-46.

Benecke, Andreas/Staats, Wendelin: Abzug „finaler" ausländischer Betriebsstättenverluste bei Ermittlung des Gewinns und des Gewerbeertrags erst im Jahr der Schließung der Betriebsstätte – im „Finalitätsjahr", in: IStR 2010, S. 663-670.

Blumers, Wolfgang: Funktionsverlagerung und ihre Grenzen, in: DStR 2010, S. 17-21.

Brinkmann, Jan/Reiter, Peter: National Grid Indus: Auswirkungen auf die deutsche Entstrickungsbesteuerung, in: DB 2012, S. 16-20.

Brünning, Martin/Möser, Christian: Gemeinsame konsolidierte Körperschaftsteuer-Bemessungsgrundlage (GKKB), in: BB 2011, S. 2647-2653.

Daragan, Hanspeter/Halaczinsky, Raymond/Riedel, Christopher (Hrsg.): Praxiskommentar Erbschaftsteuergesetz und Bewertungsgesetz, Bonn 2010 (zitiert: D/H/R-*Bearbeiter*).

Debatin, Helmut/Wassermeyer, Franz (Hrsg.): Doppelbesteuerung – Kommentar, Stand: Mai 2011 (114. Ergänzungslieferung), München 2011 (zitiert: D/W-*Bearbeiter*).

Degenhart, Christoph: Staatsrecht I – Staatsorganisationsrecht, 26., neu bearbeitete Auflage, Heidelberg 2010 (zitiert: Degenhart, Staatsrecht I).

Ditz, Xaver: Internationale Gewinnabgrenzung bei Betriebsstätten, Berlin 2004 (zitiert: Dietz, Internationale Gewinnabgrenzung).

Ditz, Xaver/Schneider, Markus: Änderungen des Betriebsstättenerlasses durch das BMF-Schreiben vom 25.08.2009, in: DStR 2010, S. 81-87.

Dötsch, Ewald/Jost, Werner F./Pung, Alexandra/Witt, Georg (Hrsg.): Die Körperschaftsteuer – Kommentar zum Körperschaftsteuergesetz, zum Umwandlungssteuergesetz und zu den einkommen-steuerrechtlichen Vorschriften der Anteilseignerbesteuerung, Stand: Dezember 2011 (73. Ergänzungslieferung), Stuttgart 2011 (zitiert: D/J/P/W-*Bearbeiter*).

Eckl, Petra: Generalthema I: Die Definition der Betriebsstätte, in: IStR 2009, S. 510-514.

Feldner, Michael: Steuerliche Probleme der Funktionsverlagerung ins Ausland, München 2010 (zitiert: Feldner, Funktionsverlagerung).

Förster, Guido/Krauß, Sebastian: Der Richtlinienvorschlag der Europäischen Kommission zur Gemeinsamen konsolidierten Körperschaftsteuer-Bemessungsgrundlage (GKKB) vom 16.3.2011, in: IStR 2011, S. 607-615.

Förster, Hartmut: Veröffentlichung der OECD zur Revision des Kommentars zu Artikel 7 OECD-Musterabkommen, in: IStR 2007, S. 398-401.

Förster, Hartmut/Naumann, Manfred/Rosenberg, Oliver: Generalthema II des IFA-Kongresses 2006 in Amsterdam: Gewinnabgrenzung bei Betriebsstätten, in: IStR 2005, S. 617-624.

Frotscher, Gerrit: Internationales Steuerrecht, 3., völlig überarbeitete Auflage, München 2009   (zitiert: Frotscher, Internationales Steuerrecht).

Gosch, Dietmar/Kroppen, Heinz-Klaus/Grotherr, Siegfried (Hrsg.): DBA-Kommentar, Stand: Februar 2011 (23. Ergänzungslieferung), Herne 1997 (zitiert: G/K/G-*Bearbeiter*).

Göttsche, Max/Stangl, Ingo: Der Betriebsstättenerlass des BMF vom 24.12.1999 – Anmerkungen und Zweifelsfragen, in: DStR 2000, S. 498-508.

Haase, Florian (Hrsg.): Außensteuergesetz/Doppelbesteuerrungsabkommen Heidelberger Kommentar, Heidelberg 2009 (zitiert: HK-*Bearbeiter*)

Haase, Florian: Internationales und Europäisches Steuerrecht, 3., neu bearbeitete Auflage, Heidelberg 2011 (zitiert: Haase, Internationales Steuerrecht).

Haase, Florian/Dorn, Katrin: Rätsel um den Anwendungsbereich der jüngeren abkommens-recht-lichen Switch-over-Regelungen, in: IStR 2011, S. 791-797.

Hänselmann, Holger: Unternehmensbesteuerung nach dem Jahressteuergesetz 2010, in: SteuK 2010, S. 507-511.

Herrmann, Carl/Heuer, Gerhard/Raupach, Arndt (Hrsg.): Einkommensteuer- und Körperschaft-steuergesetz – Kommentar, Köln 1950/2011 (zitiert: H/H/R-*Bearbeiter*).

Heuermann, Bernd/Brandis, Peter (Hrsg.): Blümich – EstG * KStG * GewStG (Kommentar), Stand: November 2011 (113. Ergänzungslieferung), München 2011 (zitiert: Blümich-*Bearbeiter*).

Hey, Johanna/Bauersfeld, Heide: Die Besteuerung der Personen(handels)gesellschaften in den Mitgliedsstaaten der Europäischen Union, der Schweiz und den USA, in: IStR 2005, S. 649-657.

Hoor, Oliver: Der OECD-Diskussionsentwurf zur Revision des Kommentars zu Art. 5 (Betriebsstätte) im OECD Musterabkommen, in: IStR 2012, S. 17-21.

Hübschmann, Walter/Hepp, Ernst/Spitaler, Armin (Hrsg.): Kommentar zur Abgabenordnung und Finanzgerichtsordnung, Stand: Dezember 2011 (215. Ergänzungslieferung), Köln 1951/2011 (zitiert: H/H/S-*Bearbeiter*).

Jacobs, Otto/Endres, Dieter/Spengel, Christoph (Hrsg.): Internationale Unternehmensbesteuerung, 7., neu bearbeitete und erweiterte Auflage, München 2011 (zitiert: Jacobs, Internationale Unternehmensbesteuerung).

Kahle, Holger/Franke, Verona: Überführung von Wirtschaftsgütern in ausländische Betriebsstätten, in: IStR 2009, S. 406-411.

Kahle, Holger/Mödinger, Jörg: Die Neufassung des Art. 7 OECD-MA im Rahmen der Aktualisierung des OECD-MA 2010, in: IStR 2010, S. 757-763.

Kahle, Holger/Mödinger, Jörg: Erfolgs- und Vermögensabgrenzung bei ausländischen Betriebsstätten, in: DB 2011, S. 2338-2343.

Kahle, Holger/Mödinger, Jörg: Vermeidung von Doppelbesteuerung im Bereich der Unternehmensgewinne nach Art. 7 Abs. 3 OECD-MA 2010, in: IStR 2011, S. 821-828.

Kaminski, Bert: Überführung von Wirtschaftsgütern in eine ausländische DBA-Betriebsstätte als Entnahme i.S. des § 4 Abs. 4a EStG?, in: IStR 2001, S. 129-131.

Kammeter, Roland: Kein Besteuerungsrecht Deutschlands nach § 50d Abs. 10 EStG ohne Zurechnung zu einer inländischen Betriebsstätte, in: IStR 2011, S. 32-37.

Kessler, Wolfgang/Philipp, Moritz: Hat sich die Entstrickung endgültig „verstrickt"? Neues zur Europarechtskonformität der deutschen Entstrickungsnormen, in: DStR 2011, S. 1888-1890.

Kessler, Wolfgang/Jehl, Melanie: Kritische Analyse der Zentralfunktion des Stammhauses, in: IWB 2007, S. 833-844.

Klein, Franz (Hrsg.): Abgabenordnung – einschließlich Steuerstrafrecht – Kommentar, 10., völlig neubearbeitete Auflage, München 2009 (zitiert: Klein-*Bearbeiter*).

Konrad, Maren: Erfolgs- und Vermögensabgrenzung zwischen Stammhaus und Betriebsstätte nach dem Functionally Separate Entity-Ansatz, in: IStR 2003, S. 786-792.

Korff, Matthias: Die Rechtsprechung zu § 12 AO in der internationalen Steuerplanung – zugleich eine Anmerkung zu BFH-Urteil vom 4.6.2008, I R 30/07, IStR 2008, 702 f., in: IStR 2009, S. 231-236.

Körner, Andreas: Europarechtliches Verbot der Sofortbesteuerung stiller Reserven beim Transfer ins EU-Ausland – Anmerkung zum Urteil des EuGH vom 29.11.2011, C-371/10, in dieem Heft S. 28, in: IStR 2012, S. 1-5.

Kosch, Florian: Der OECD-Betriebsstättenbericht 2008 im Vergleich zum deutschen Recht, in: IStR 2010, S. 42-45.

Krabbe, Helmut: Personengesellschaften und Unternehmensgewinne nach den DBA, in: IStR 2002, S. 145-150.

Kroppen, Heinz-Klaus: Betriebsstättengewinnermittlung, in: IStR 2005, S. 74-75.

Kumpf, Wolfgang/Roth, Andreas: Grundsätze der Ergebniszuordnung nach den neuen Betriebsstätten-Verwaltungsgrundsätzen, in: DB 2000, S. 741-747.

Kumpf, Wolfgang/Roth, Andreas: Einzelfragen der Ergebniszuordnung nach den neuen Betriebsstätten-Verwaltungsgrundsätzen, in: DB 2000, S. 787-793.

Lang, Michael: DBA und Personengesellschaften – Grundfragen der Abkommensauslegung, in: IStR 2007, S. 606-609.

Lang, Michael: Seminar B, Teil 2: Das OECD-Musterabkommen – 2001 und darüber hinaus: Welche Bedeutung haben die nach Abschluss eines Doppelbesteuerungsabkommens erfolgten Änderungen des OECD-Kommentars?, in: IStR 2001, S. 536-539.

Macho, Roland/Steiner, Gerhard/Ruess, Stefan: Verrechnungspreise kompakt – Transfer Pricing in der Gestaltungs- und Prüfungspraxis, Wien 2007 (zitiert: M/S/R, Verrechnungspreise).

Menninger, Jutta/Wellens, Ludger: Grundsätzliche Bewertungsfragen im Zusammenhang mit der Funktionsverlagerung gem. § 1 Abs. 3 AStG, in: DB 2012, S. 10-15.

Mitschke, Wolfgang: National Grid Indus – Ein Phyrrussieg für die Gegner der Sofortbesteuerung? – Zugleich eine Erwiderung auf Körner, in diesem Heft S. 1, in: IStR 2012, S. 6-12.

Mitschke, Wolfgang: Schließung einer Betriebsstätte ergibt „finale" Verluste, in: IStR 2011, S. 768-774.

Musil, Andreas: Die Ergänzung des Entstrickungstatbestands durch § 4 Abs. 1 Satz 4 EStG – Herrscht nun endlich Klarheit?, in: FR 2011, S. 545-551.

Niehaves, Dieter: Die Gewinnabgrenzung bei Vertreterbetriebsstätten, in: IStR 2011, S. 373-379.

Niehaves, Dieter/Beil, Andreas: Das neuen DBA Deutschland-Liechtenstein, in: IStR 2012, S. 209-215.

Pahlke, Armin/Koenig, Ulrich (Hrsg.): Abgabenordnung – Kommentar, 2. Auflage, München 2009 (zitiert: P/K-*Bearbeiter*).

Piltz, Detlev J.: Wann liegt eine DBA-Vertreter-Betriebsstätte vor?, in: IStR 2004, S. 181-187.

PricewaterhouseCoopers AG Wirtschaftsprüfungsgesellschaft (PwC)/Bundesverband der Deutschen Industrie e.V. (BDI): Verlustberücksichtigung über Grenzen hinweg, Freiburg/Berlin/München 2011 (zitiert: PwC/BDI, Verlustberücksichtigung).

Rainer, Anno: Keine Berücksichtigung von Verlusten aus ausländischer Betriebsstätte, in: EuZW 2008, S. 402-406.

Rasch, Stephan: Aktuelle Entwicklungen bei der Betriebsstättenbegründung – Renaissance des Kommissionärsmodells?, in: IStR 2011, S. 6-13.

Reimer, Ekkehart: Die Zukunft der Dienstleistungsbetriebsstätte, in: IStR 2009, S. 378-382.

Rometzki, Simon: Betriebsstättengewinnabgrenzung im Wandel – Die Behandlung von Innentransaktionen im deutschen internationalen Steuerrecht, Hamburg 2008 (zitiert: Rometzki, Betriebsstättengewinnabgrenzung).

Ruhlmann, Marcel: Grenzüberschreitende Architektenleistungen nach dem neuen Doppelbesteuerungsabkommen mit der Türkei, in: ImmoStR 2011, S. 166-168.

Schaumburg, Harald: Internationales Steuerrecht, 3. Auflage 2011, Köln 2011 (zitiert: Schaumburg, Internationales Steuerrecht).

Schmidt, Christian: Personengesellschaften im internationalen Steuerrecht nach dem OECD-Bericht „The Application of the OECD Model Tax Convention to Partnerships" und den Änderungen im OECD-MA und im OECD-Kommentar im Jahre 2000, in: IStR 2001, S. 489-497.

Schmidt, Lutz/Heinz, Carsten: Neues zur Betriebsstättenbesteuerung im Jahressteuergesetz 2009 – Unstimmigkeiten und Empfehlungen, in: IStR 2009, S. 43-47.

Schmidt, Michael/Pawlita, Sebastian: Neue OECD-Grundsätze für die Einkunftsabgrenzung bei Betriebsstätten, elektronisch veröffentlicht am 18.03.2010 unter: http://www.taylorwessing.com/uploads/ tx_siruplawyermanagement/Neue_OECD-Grundsaetze_fuer_die_Einkunftsabgrenzung_bei_Betrieb-staetten_01.pdf, abgerufen am 13.01.2012 (zitiert: Schmidt/Pawlita, Einkunftsabgrenzung).

Schwenke, Michael: Kann ein Transfer ausländischer Verluste trotz „Finalität" scheitern? - Folgeüberlegungen zum BFH-Urteil I R 107/09, in: IStR 2011, S. 368-373.

Spahlinger, Andreas/Wegen, Gerhard: Internationales Gesellschaftsrecht in der Praxis, München 2005 (zitiert: Spahlinger/Wegen, Internationales Gesellschaftsrecht).

Spierts, Etienne/Sparidis, Gino: Niederlande: Erlasse hinsichtlich Betriebsstättengewinnermittlung, in: IStR-LB 2011, S. 35-36.

Stiller, Wojciech: Ende der langwierigen Diskussion zur Nutzung von Verlusten einer im EU-Ausland gelegenen Betriebsstätte?, in: BB 2011, S. 607-613.

Strunk, Günther/Kaminski, Bert: Aufgabe des Grundsatzes der funktionalen Zuordnung von Wirtschaftsgütern zu Betriebsstätten? – Irrungen und Wirrungen bei Internetgeschäften –, in: IStR 2001, S. 161-164.

Timm, Charles: Veröffentlichung des endgültigen „Authorised Approach" – Neuregelungen des Art. 7 OECD-MA, in: PIStB 2009, S. 195 ff.

Tipke, Klaus/Lang, Joachim (Hrsg.): Steuerrecht, 20., völlig überarbeitete Auflage, Köln 2010 (zitiert: Tipke/Lang-*Bearbeiter*).

Vogel, Klaus/Lehner, Moris (Hrsg.): Doppelbesteuerungsabkommen der Bundesrepublik Deutschland auf dem Gebiet der Steuern vom Einkommen und Vermögen – Kommentar auf der Grundlage der Musterabkommen, 5., völlig neubearbeitete Auflage, München 2008 (zitiert: V/L-*Bearbeiter*).

Vögele, Alexander/Borstell, Thomas/Engler, Gerhard (Hrsg.): Verrechnungspreise – Betriebswirtschaft * Steuerrecht, München 2011 (zitiert: V/B/E-*Bearbeiter*).

Wassermeyer, Franz: Die Anwendung der Doppelbesteuerungsabkommen auf Personengesellschaften, in: IStR 2007, S. 413-417.

Wassermeyer, Franz: Entstrickungsbesteuerung und EU-Recht, in: IStR 2011, S. 813-816.

Wassermeyer, Franz: Über Unternehmensgewinne im Sinne des Art. 7 OECD-MA, in: IStR 2010, S. 37-42.

Wassermeyer, Franz/Andresen, Ulf/Ditz, Xaver (Hrsg.): Betriebsstätten-Handbuch – Gewinnermittlung und Besteuerung in- und ausländischer Betriebsstätten, Köln 2006 (zitiert: W/A/D-*Bearbeiter*).

Watrin, Christoph: Betriebsstättenbesteuerung im Electronic Commerce und die ökonomische Theorie der Firma, in: IStR 2001, S. 425-430.

Weitbrecht, Götz: Zuordnung von Gewinnen zu Betriebsstätten: Ausgewählte Themen für Finanzinstitute, in: IStR 2006, S. 548-550.

Verzeichnis der Gesetze, Verordnungen und Verwaltungsanweisungen

Verordnungen

FVerlV	Verordnung zur Anwendung des Fremdvergleichsgrundsatzes nach § 1 Abs. 1 des Außensteuergesetzes in Fällen grenzüberschreitender Funktionsverlagerungen (Funktionsverlagerungsverordnung – FVerlV) vom 12. August 2008 (BGBl. I 2008, S. 1680).
GAufzV	Verordnung zu Art, Inhalt und Umfang von Aufzeichnungen im Sinne des § 90 Abs. 3 der Abgabenordnung (Gewinnabgrenzungsaufzeichnungsverordnung – GAufzV) vom 13. November 2003 (BGBl. I 2003, S. 2296), zuletzt geändert durch Art. 9 Unternehmensteuerreformgesetz 2008 vom 14. August 2007 (BGBl. I 2007, S. 1912).

Verwaltungsanweisungen

BS-VWG	Schreiben betr. Grundsätze der Verwaltung für die Prüfung der Einkünfte bei Betriebsstätten international tätiger Unternehmen (Betriebsstätten-Verwaltungsgrund-sätze) vom 24. Dezember 1999 (BStBl. I 1999, S. 1076), zuletzt geändert durch BMF vom 25. August 2009 (BStBl. I 2009, S. 888).
VWG-DotKap	Schreiben betr. Grundsätze der Verwaltung zur Bestimmung des Dotationskapitals bei Betriebsstätten international tätiger Kreditinstitute (Verwaltungsgrundsätze-Dotationskapital) vom 29. September 2004 (BStBl. I 2004, S. 917).
VWG-FV	Schreiben betr. Grundsätze für die Prüfung der Einkunftsabgrenzung zwischen nahe stehenden Personen in Fällen von grenzüberschreitenden Funktionsverlagerungen (Verwaltungsgrundsätze Funktionsverlagerung) vom 13. Oktober 2010 (BStBl. I 2010, S. 774).
VWG-LLC	Schreiben betr. steuerliche Einordnung der nach dem Recht der Bundesstaaten der USA gegründeten Limited Liability Company vom 19. März 2004 (BStBl. I 2004, S. 411).
VWG-PersG	Schreiben betr. Anwendung der Doppelbesteuerungsabkommen (DBA) auf Personengesellschaften vom 16. April 2010 (BStBl. I 2010, S. 354).
VWG-Verf.	Schreiben betr. Grundsätze für die Prüfung der Einkunftsabgrenzung zwischen nahestehenden Personen mit grenzüberschreitenden Geschäftsbeziehungen in Bezug auf Ermittlungs- und Mitwirkungspflichten, Berichtigungen sowie auf Verständigungs- und EU-Schiedsverfahren (Verwaltungsgrundsätze-Verfahren) vom 12. April 2005 (BStBl. I 2005, S. 570).
	Schreiben betr. Anwendung der Grundsätze des BFH-Urteils vom 17. Juli 2008 I R 77/06 (BStBl. 2009 II S. 464) vom 20. Mai 2009 (BStBl. I 2009, S. 671).

Rechtsprechungsverzeichnis

Europäischer Gerichtshof (EuGH)

Datum	Rechtssache	Fundstelle
Urteil v. 29.11.2011	C-371/10	EuZW 2011, S. 951
Urteil v. 23.10.2008	C-157/07	IStR 2008, S. 769
Urteil v. 15.05.2008	C-414/06	EuZW 2008, S. 402
Urteil v. 28.02.2008	C-293/06	EuZW 2008, S. 274
Beschluss v. 06.11.2007	C-415/06	IStR 2008, S. 107
Urteil v. 13.12.2005	C-446/03	EuZW 2006, S. 85
Urteil v. 05.11.2002	C-208/00	EuZW 2002, S. 754
Urteil v. 15.05.1997	C-250/95	EuZW 1997, S. 443

Bundesgerichtshof (BGH)

Datum	Aktenzeichen	Fundstelle
Urteil v. 27.10.2008	II ZR 158/06	EuZW 2009, S. 59

Bundesfinanzhof (BFH)

Datum	Aktenzeichen	Fundstelle
Urteil v. 08.09.2010	I R 74/09	IStR 2011, S. 32
Urteil v. 09.06.2010	I R 107/09	IStR 2010, S. 663
Urteil v. 09.06.2010	I R 100/09	BStBl. II 2010, S. 1065
Urteil v. 03.02.2010	I R 23/09	BStBl. II 2010, S. 599
Urteil v. 20.08.2008	I R 34/08	BStBl. II 2009, S. 263
Urteil v. 17.07.2008	I R 84/04	BStBl. II 2009, S. 630
Urteil v. 17.07.2008	I R 77/06	BStBl. II 2009, S. 464
Urteil v. 04.06.2008	I R 30/07	BStBl. II 2008, S. 922
Urteil v. 03.08.2005	I R 87/04	BStBl. II 2006, S. 220

Urteil v. 30.06.2005	III R 47/03	BStBl. II 2006, S. 78
Urteil v. 16.05.2001	I R 47/00	BStBl. II 2002, S. 846
Urteil v. 21.04.1999	I R 99/97	BStBl. II 1999, S. 694
Urteil v. 17.12.1997	I R 95/96	BStBl. II 1998, S. 260
Urteil v. 08.04.1997	I R 51/96	BStBl. II 1997, S. 679
Urteil v. 30.10.1996	II R 12/92	BStBl. II 1997, S. 12
Urteil v. 16.02.1996	I R 46/95	BStBl. II 1996, S. 588
Urteil v. 16.02.1996	I R 43/95	BStBl. II 1997, S. 128
Urteil v. 30.08.1995	I R 112/94	BStBl. II 1996, S. 563
Urteil v. 14.09.1994	I R 116/93	BStBl. II 1995, S. 238
Urteil v. 28.07.1993	I R 15/93	BStBl. II 1994, S. 148
Urteil v. 19.05.1993	I R 80/92	BStBl. II 1993, S. 655
Urteil v. 03.02.1993	I R 80-81/91	BStBl. II 1993, S. 462
Urteil v. 29.07.1992	I R 39/89	BStBl. II 1993, S. 63
Urteil v. 26.02.1992	I R 85/91	BStBl. II 1992, S. 937
Urteil v. 18.12.1990	X R 82/89	BStBl. II 1991, S. 395
Urteil v. 16.05.1990	I R 113/87	BStBl. II 1990, S. 983
Urteil v. 11.10.1989	I R 77/88	BStBl. II 1990, S. 166
Urteil v. 13.09.1989	I R 117/87	BStBl. II 1990, S. 57
Urteil v. 25.06.1986	II R 213/83	BStBl. II 1986, S. 785
Urteil v. 28.03.1985	IV R 80/82	BStBl. II 1985, S. 405
Urteil v. 23.01.1985	I R 292/81	BStBl. II 1985, S. 417
Urteil v. 07.03.1979	I R 145/76	BStBl. II 1979, S. 527
Urteil v. 12.04.1978	I R 136/77	BStBl. II 1978, S. 494
Urteil v. 30.04.1975	I R 152/73	BStBl. II 1975, S. 626
Urteil v. 09.10.1974	I R 128/73	BStBl. II 1975, S. 203

Urteil v. 30.05.1972	VIII R 111/69	BStBl. II 1972, S. 760
Urteil v. 16.07.1969	I 266/65	BStBl. II 1970, S. 175
Urteil v. 27.07.1965	I 110/63 S	BStBl. III 1966, S. 24
Urteil v. 29.01.1964	I 153/61 S	BStBl. III 1964, S. 165
Beschluss v. 13.11.1962	I B 224/61 U	BStBl. III 1963, S. 71
Beschluss v. 27.04.1954	I B 136/53 U	BStBl. III 1954, S. 179

Finanzgericht Hamburg (FG Hamburg)

| Datum | Aktenzeichen | Fundstelle |
| Beschluss v. 08.06.2006 | 6 K 274/03 | IStR 2007, S. 34 |

Finanzgericht Niedersachsen (FG Niedersachsen)

| Datum | Aktenzeichen | Fundstelle |
| Urteil v. 16.06.2011 | 6 K 445/09 | IStR 2011, S. 768 |